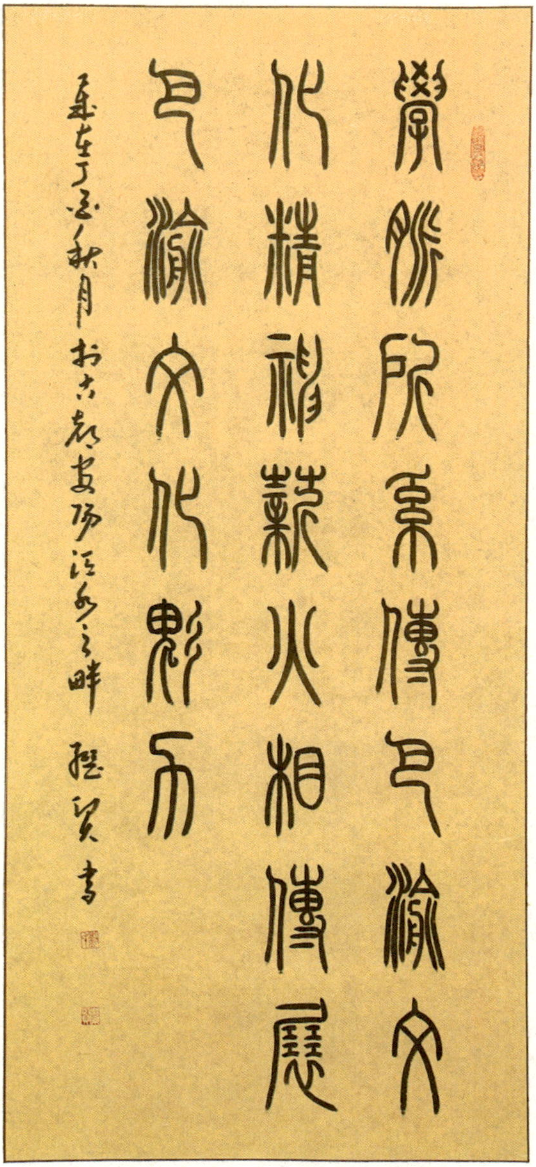

学脉所系传巴渝文化精神　薪火相传展巴渝文化魅力

——刘继贤（中国甲骨文书法研究会常务副会长兼秘书长）

巴渝文化探究

张勇　周刘波／主编

西南大学出版社
国家一级出版社　全国百佳图书出版单位

图书在版编目（CIP）数据

巴渝文化探究 / 张勇，周刘波主编. — 重庆：西南师范大学出版社，2018.3
ISBN 978-7-5621-9195-7

Ⅰ. ①巴… Ⅱ. ①张… ②周… Ⅲ. ①地方文化－研究－重庆 Ⅳ. ①G127.719

中国版本图书馆CIP数据核字(2018)第024392号

巴渝文化探究

BAYU WENHUA TANJIU

张 勇 周刘波 主编

责任编辑：段小佳
书名题签：刘继贤
装帧设计：闰江文化
排　　版：瞿 勤
出版发行：西南大学出版社（原西南师范大学出版社）
网　　址：www.xdcbs.com
地　　址：重庆市北碚区天生路2号
邮　　编：400715
电　　话：023-68868624
经　　销：全国新华书店
印　　刷：重庆新生代彩印技术有限公司
幅面尺寸：170mm × 240mm
印　　张：14.5
插　　页：1个
字　　数：240千字
版　　次：2018年4月 第1版
印　　次：2025年1月 第3次印刷
书　　号：ISBN 978-7-5621-9195-7
定　　价：48.00元

前言

教育部《完善中华优秀传统文化教育指导纲要》明确要求："把中华优秀传统文化教育系统融入课程和教材体系"，"鼓励各地各学校充分挖掘和利用本地中华优秀传统文化教育资源，开设专题的地方课程和校本课程"，"加强中华优秀传统文化相关学科建设"。

《巴渝文化探究》立足挖掘和利用本地中华优秀传统文化教育资源，引导青少年学生对家乡的历史文化进行学习，这对于提高他们的人文素养有着重要作用。学生通过对该门课程的学习，可以初步了解家乡的历史文化，逐渐培育家国情怀，逐步树立正确的世界观、人生观和价值观，提高综合素质，使自身得到全面发展。

《巴渝文化探究》一书呈现以下特点：

突出教材地方特色。挖掘并传承地方优秀传统文化，让学生通过教材的学习了解巴渝文化的基本发展脉络，是编写本册校本教材的出发点。在选材时，教材以巴渝地区丰厚的历史文化积淀为载体，充分彰显巴渝地区浓厚的地方性色彩。让学生通过学习，亲近巴渝文化，感知巴渝文化的魅力与独特性，从而培养热爱家乡的感情，培育家国情怀，以发展和传承我国优秀传统文化。

注重教材实用价值。校本教材编写的过程是一个研究、设计、反思与创新的过程。在编写中，编者对教材的作用与意义、编辑体例、知识脉络、科学性与严谨性等进行了思考，尤其是对学生的现实需求进行了调研和反馈，力求编写出具有实用价值的教材。

注重教材的探究性。教材以培育学生的主体意识，完善学生的认知结构，提高学生解决问题的能力为宗旨，设置了相应栏目，着眼于培养、激发和发展学生的兴趣爱好，促进学生个性化成长。每个章节规定了基本课程内容，并提出了实践案例。旨在倡导多样的教学方式，促进学生更积极、更主动地对巴渝历史文化进行感知、理解和探究，教师可在具体实施中酌情处理，因材施教。

体现教材的趣味性。针对教学内容和学生的年龄特征，本册校本教材在编排体系上，注重科学性与趣味性，知识性与操作性兼顾的原则。版面设计采用了图文并茂，以图代文等形式直观地呈现教材中的课程内涵，作业要求以历史小报、摄影展览、调查报告等具有实践性、开放性、灵活性的综合实践活动为形式，让学生亲身经历和实践。

总之，《巴渝文化探究》以培养和提高学生的人文素养为宗旨，体现了育人为本的教育理念，发挥了选修课程的教育功能，使学生通过学习，增强对家乡和祖国的责任感。同时，本课程鼓励自主、合作、探究式学习，倡导教师教学方式和教学评价方式的创新，使学生掌握巴渝文化的基本知识，具备学习巴渝地区历史文化的基本方法和基本技能。

目录

CONTENTS

巴渝文化探究

第一篇 历史人物

第二篇 文学艺术

第三篇 历史遗存

第一篇

历史人物

第一章

忠贞报国——巴蔓子

▲巴蔓子塑像

一个尸留两地香，想见当年气英武。
身前为国靖干戈，身后乡祠祀尊俎。
兴亡事亦只寻常，气壮山河万万古。
巴人楚人今安在，犹剩将军一抔土。

[清]嘉庆·黄中瑜

穹窿哉，蔓子墓，渝城巅，石封固。多少王侯将相陵寝穴樵儿，独此屹立两江虹势迴盘护。头断头不断，万古须眉宛然见。城许城还存，年年春草青墓门。君不见背弱主，降强主，断主之头献其土。又不见明奉君，暗通邻，求和割地荣其身。惜哉不识蔓子坟。

[清]巴县知县·王尔鉴

这两首诗歌颂的是战国时期的一位巴国将军——巴蔓子。他守国为民、保全疆土、刎颈留城，成为巴渝儿女忠勇、笃诚、守信的精神象征，具有极大的典型性与代表性，饱蕴丰厚的历史内涵。

巴蔓子将军是重庆忠县人，今忠县、渝中区、湖北恩施等地，尚留存“大义凛然巴将军”遗址多处,千古流传,影响至今。

重庆巴蔓子墓位于渝中区七星岗,据《大清一统志》记载:“在巴县西通远门内。”乾隆《巴县志》:“在治西通远门内。雍正年间郡守张光鏻修,立碑表之,后圮。乾隆二年县民周尚义捐修,砌以石。”以后不断培新,1922年又加重修,荣县但懋辛题写了“东周巴将军蔓子之墓”的碑名。巴蔓子墓原在定远门内东侧。中华民国时期,重庆设市拆除城垣,填高路基,修建马路,巴蔓子墓便处在渝中区干路南侧石坎下。中华人民共和国成立后加宽此马路,巴蔓子墓就位于现在马路下方的石洞内。

巴国溯源

大约在公元前12世纪,巴族的一支族人居住在今湖北省清江流域,为了躲避商朝统治者的压迫,向西迁徙,最后溯长江而上来到重庆地区,他们发现长江和嘉陵江的交汇处江州(今渝中区)地形十分险要,易守难攻,交通又十分便利,于是在此披荆斩棘,繁衍生息。

约公元前1046年,周武王率领大军并会同西边、南边的少数民族,推翻了商朝的统治,巴人作为周武王大军中的先锋,为推翻商朝立下大功,周武王便把姬姓贵族封到江州,以江州为首都建立起一个以巴族为主体的奴隶制国家——巴国。巴国强盛的时候势力范围东至奉节,西达四川宜宾,南到贵州北部,北抵陕西汉中。在春秋时期,它与东面的楚国、西边的蜀国、北边的秦国既有密切交往,也有纷繁的冲突斗争。后来巴国受到楚国西进的压迫,政治中心被迫逐步向西部地区转移。

巴人这个古老的民族,由于长期生活在三峡地区,险恶的自然环境和外族的不断入侵,使其养成了骁勇善战,能歌善舞的天性。他们有一种穿着盔甲、持着兵器的“武舞”,气势磅礴、威风凛凛。史书记载巴人军队在参加周武王伐纣的朝歌会战时,“巴师勇锐,歌舞以凌殷人”,后世亦有“巴出将,蜀出相”的说法。

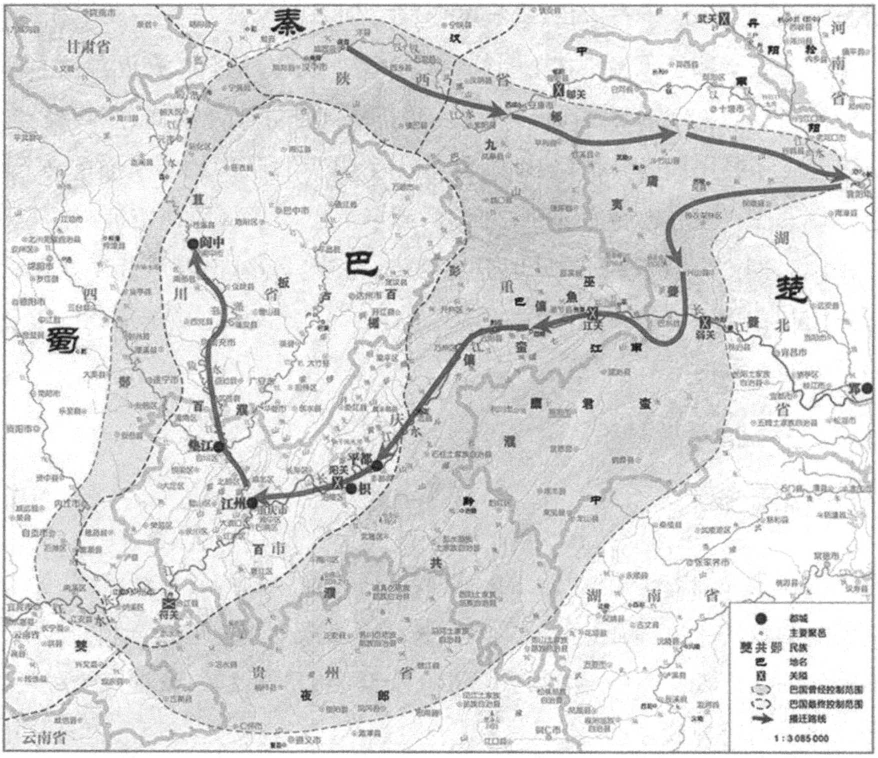

▲巴人迁徙路线及巴国疆域图

自周武王分封巴人在江州建都立国至今，已有三千多年。春秋战国时期，巴国在楚、秦、蜀等强邻的包围之中，经常面临战争状态。《华阳国志·巴志》中对巴国与楚国的关系有较多的记述。从春秋时期开始，巴与楚虽是长江中上游地区相邻的两个大国，但在中原各诸侯国的眼中，仍被视为蛮夷之国，所以巴国与楚国又常常结成同盟，以维持各自的地位和利益。战国时期巴楚之间曾采用联姻的方式，来改善两国的关系。

舍身报国

到东周末期，据《华阳国志·巴志》记载："周之季世，巴国有乱，将军有蔓子请师于楚，许以三城。楚王救巴。巴国既宁，楚使请城。蔓子曰：'借楚之灵，克弭祸难，诚许楚王城，将吾头往谢之，城不可得也。'乃自刎，以头授楚使。(楚)王叹曰：'使吾得臣若巴蔓子，用城何为？'乃以上卿礼葬其头。巴国葬其身，亦以上卿礼。"意思就是："周朝末期，巴国发生内乱，巴国将军蔓子向楚国请求派军队帮助镇压内乱，许诺内乱平息以后会用三座城池向楚国表达感谢。于是楚王派兵前去平定巴国内乱。巴国内乱平息，楚国的使者来到巴国要求巴蔓子兑现三座城池的承诺。蔓子说：‘借楚国的军队，消灭祸害，虽曾许诺以三座城池答谢楚王，但现在只能将我的人头带回去给楚王了，城池是不能割让给楚国的。’于是引颈自刎，让使者把自己的头颅交给楚王。楚王感叹说：‘如果能让我得到巴蔓子这样的忠臣，还要城池做什么？’于是用上卿的礼节安葬了他的头。巴国埋葬了他的身躯，也用上卿的礼节。”

这次“内乱”规模相当大，以至于巴国的最高统治集团也无能为力，只好借助楚国的力量，乞师于楚。将军巴蔓子设法既平定了内乱，又未丧失国家的城邑，仅自己以身殉国，这种克尽臣职，忠君爱国，用生命维护国家的利益，用传统王朝的道德观念来看，是非常高尚且难能可贵的，所以受到历代统治者的歌颂。

巴蔓子之死让人看到了人性的光辉，穿透危机和苦难，留下的是超越家国恩怨的勇气，是支撑中华民族历久不衰的智慧和胸襟。东晋史学家常璩(qú)对巴蔓子的壮烈行为深表敬佩，评价说：“若蔓子之忠烈，范目之果毅，风淳俗厚，世挺名将，斯乃江、汉之含灵，山岳之精爽乎！”

流芳百世

千百年来，巴蔓子将军以身殉国的英雄壮举，在巴渝大地上广为传颂。唐贞观八年(公元634年)，太宗皇帝念巴将军的忠仁，改其故里“临州”为“忠州”(即现在的忠县)。宋时，人们在忠州城内为巴将军建了一座祠庙，以供后世人瞻仰，该祠早称永贞祠，后称巴王庙。每年的农历三月初三(巴蔓子忌日)，忠州城内都要举行盛大的“月会”以纪念其功绩。据明代史籍记载：“每值会期，帜塞巷，金鼓鸣街，彩亭锦棚，相望盈道。”

清代也有许多文人墨客以自己的方式来悼念巴蔓子将军。清代进士龙为霖《踏青过巴蔓子墓》：“刎颈高风悬日月，存城旧事邈山河。行经西路孤坟惯，思入东风芳草多。得如此臣真足矣，无降将军更如何。廉颇生懦归忠魄，岁岁游人莫浪过。”

道光年间万县训导龚珪《巴蔓子墓》有句云：“信固不可失，城尤不可与，身不妨碎城当全，身碎定当残垒补。戈同挥鲁阳，触异颓天柱。吾安复用吾头戴，气屹金镛壮千橹，荒邱尚余腔血热，草木都作毛发竖。风怒号助石马嘶，月阴森疑翁仲语。将军英魄作保障，流览河山卫旧部。”

咸丰年间户部侍郎何彤云《巴蔓子墓》:“臣头可得城难与,一剑临风谢强楚,将军真是社稷臣,不惜一身保疆土。碧血藏向巴山头,巴山山下江水流,龟筮不言近朝市,佳城郁郁春复秋。焉知阅世三千年,一抔乃入丞相园;丞相行乐期无死,岂肯与鬼为比邻?削平丘垄起楼阁,那恤忠愤埋九原!经营未尽豪华歇,将军之墓万古存!”

巴蔓子将军走了,但他的浩然正气却传承给后世一代代子孙。如今的巴渝儿女正站在更高的境界上传承他的精神。

课后探究

1.巴蔓子将军的墓址在今渝中区七星岗渝海大厦的楼底,楼前就是车水马龙的中山一路。每天,成千上万的市民在这条路上来来往往,却很少有人知道路侧的楼底下便是巴蔓子将军墓。请同学们思考一下,设计一个方案,如何使人们更方便地了解和游览巴蔓子将军墓这一历史遗存呢?大家可以从交通、建筑以及展厅布置等不同角度去思考如何改进。

2.关于这座古墓,到底埋葬着什么呢?一直以来众说纷纭。现在我们拥有的高科技手段,已经可以探测古墓,知道里面埋葬了什么。但你们觉得这个答案还重要吗?请说明你的理由。

第二章

精诚之至——赵智凤

▲赵智凤塑像

热铁轮里翻筋斗，
猛火炉中打倒悬。
伏请世尊为证明，
五浊恶世誓先入。

——本师大愿

人物简介

赵智凤（1159—1249年），南宋昌州（今重庆大足区）米粮里沙溪人，5岁时在家乡古佛岩落发为僧，16岁时外出云游。南宋孝宗淳熙六年（1179年）返回大足，传柳本尊法旨，承持其教，建圣寿本尊殿，名其山曰“宝顶”。他发弘誓愿，普施法水，御灾驱患，德播远近。

从淳熙六年（1179年）起到淳祐九年（1249年）止，赵智凤四方募化70年，穷其毕生精力，按密宗道场的格局，精心设计，巧妙安排，在宝顶山“U”形沟中雕琢了上万尊佛像，建成了一座完备而有特色的佛教密宗道场。宝顶石窟亦就此成为中国石窟艺术史上的一座丰碑，“几乎将一代大教搜罗毕尽，凡释典所载，无不备列。”赵智凤作为宝顶石刻的创刻者、总设计者和主持实施者，堪称中国晚期石刻艺术的集大成者。他完整规划了佛教道场，创民族化、世俗化宗教圣地，成一代密宗大师。

传奇生涯

1.遁入空门

赵智凤的父亲早逝，从小与母亲相依为命。在他5岁时，母亲重病，长治不愈。家境贫寒的赵智凤为了给母亲挣钱买药，竟独自走上街头，打算卖掉自己来换钱救治母亲，可是一直等到晚上也无人问津。

母亲见儿子迟迟未归，硬撑着身子四处寻找。当她在街上见到孤苦伶仃的儿子时，母子俩抱头痛哭。一个算命先生来到他们跟前，问明缘由，算命先生让赵智凤抽签以求化解之法。赵智凤抽了签，算命先生一看，对赵母说：“你这儿子是入佛门的命。去当和尚吧，济贫行善，你的病会好，他也定有出头之日。”

赵母怎么也不愿让自己的儿子出家为僧，何况儿子还年幼。但事到如今，她也不知如何是好，整夜以泪洗面。然而幼小的赵智凤却记住了算命先生的话。

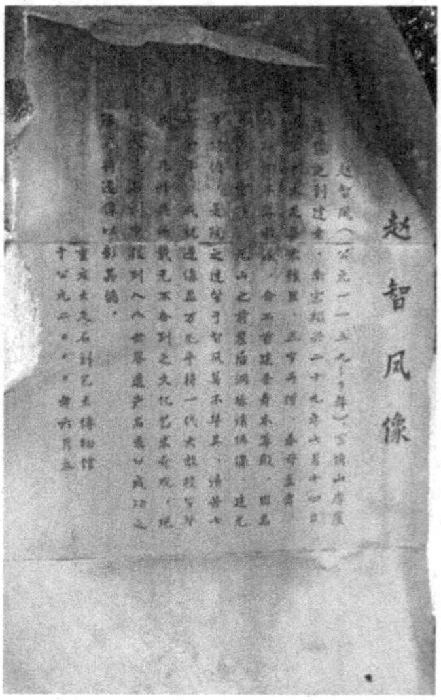

▲赵智凤简介

第二天一早，他就偷偷来到离家不远的古佛寺，对大和尚说他要当和尚。大和尚说寺里不收小孩。赵智凤再次请求，被老法师听见，问他为什么一定要当和尚？赵智凤道明缘由，老法师被他的真诚和坚毅所感动。于是，老法师替赵母诊病，并把自己私存的一些银子赠予赵母补贴生活。

不久，赵母的病得到好转。她感激法师的慈善，将儿子托付给了佛门。

虽然赵智凤的礼佛之路困难重重，但他却从未动摇在佛门的决心。老法师特别喜欢他，教他识字读经、修习佛法。他也特别用功，进步很快。16岁那年，老法师打算把寺庙交给赵智凤主持，他婉言谢绝，并向师傅言明志向，说他要去云游四方，修无上法，将众生摄入正道。

2.创刻宝顶

三年后，赵智凤从成都学成归来。古佛寺已垮塌，老法师不幸遇难。赵智凤带着古佛寺余留的僧人来到大足宝顶山，立志要建造一个老法师生前向往的佛教密宗大道场。

赵智凤秉持"热铁轮里翻筋斗，猛火炉中打倒悬，伏请世尊为证明，五浊恶世誓先入"和"假使热铁轮，于我顶上旋，终不以此苦，退失菩提心"的济人救世的宏愿，多方筹集资金，聘请工匠，在宝顶山的前岩后洞雕刻佛像。

这位5岁出家，16岁云游学法，19岁回到宝顶，秉承唐末、五代时期柳本尊密宗教派的一代高僧赵智凤，既精通经律论三藏，又洞悉民俗。他结束了佛教、儒教和道教长期以来各不相容、纷争不断的局面，让孝道、孝经走进了佛法道场。

赵智凤以高超的智慧、敏锐的直觉，对宝顶山石刻进行了统一规划，科学地进行布局设计，规划了宝顶石刻的整体风格，历经70余年，建成广大宝楼阁(即今之大佛湾)。

大佛湾是一马蹄形山湾，位于圣寿寺左下方。宝顶山石刻造像就是以大佛湾为中心，在长约500米、高15—30米的崖壁上，雕刻大小造像万余尊。其内容之完备，"几乎将一代大教收罗毕尽，凡释典所载，无不备列"；其造型之生动"大小神像约万余，喜怒皆有生气，其左侧牧牛十偈，圆觉洞菩萨，及壁间花鸟鱼龙，镂刻精工，金彩璀灿，今尤熠熠耀目"。此外，大佛湾石刻还巧妙地采用了排水、采光、力学、防风化等科学措施，令人叹为观止。

▲大足宝顶山石刻

出大佛湾左行约600米，即来到小佛湾。小佛湾原名"圣寿本尊殿"，又名

"大宝楼阁",其主要建筑为一座石砌的坛台。

赵智凤苦心经营,自绘蓝图,命工匠先将造像蓝图镌刻于小佛湾,然后在大佛湾扩大雕造。每部群雕之中又分刻成几组或几十组雕像,连续记载一个或几个不同内容的佛经故事,并配以文字说明,好似一幅幅图文并茂的连环图画。而每组造像之间,又以佛教教义将其串联起来,成为一个完整地宣扬佛教教义的体系。由于宝顶山石窟系赵智凤一人统一主持建造,因此它是一处有总体构思的造像群。这一点在中国石窟艺术中可谓独具特色。

赵智凤27岁那年,石刻工程正是繁忙之时,他的母亲以重病为由,托人带信给他,希望见他最后一面。赵智凤赶回家才得知,母亲重病是假,催促他回家成亲才是真。赵智凤最终没有答应母亲的请求,他对母亲说,皈依佛门是他从小的承诺,创刻石刻道场是他一生的理想,他不能弃佛还俗。

赵智凤尽心于他的摩崖石刻工程,他为弘扬佛法、传播教义奉献了自己的全部人生。他5岁出家为僧,90岁涅槃,用整整85个年头实践了自己许下的诺言。

赞誉非凡

关于赵智凤的传奇生涯,记载其生平和造像史实的史料极其稀少,仅有少量有确切记载的史料文字,在大足石刻的碑刻和流传于民间的传说中能有所窥见。

下面仅摘录部分今人对赵智凤生涯的评价:

章创生、范时勇在所著的《大足石刻之谜》一书中写道:"这是一个多么需要毅力、恒心和勇气的人生!赵智凤做到了。我们在他的身上,至少读到了六个字:诚信、智慧、坚韧。当然,这应该感谢他选择的事业。没有这'普度众生'的理想,也不会有支撑他行动的力量。"

王天祥、李琦在所著的《建构、转述与重释——赵智凤形象考释》一文中写道:"赵智凤身体力行地践行着自己的道德理想和宗教抱负,不求名利,将探究'心灵之奥'与'济世救俗'的理想凝结在了盈万的造像之中。作为孝者、行者与尊者,他的形象保存在不同史料的只言片语的记载之中,其名不彰,亦无形象传世,但他作为文化传承者与创造者,却在造像中获得了永生。"

课后探究

1.关于赵智凤的传奇生涯，同学们可以选择阅读相关书籍和查阅网络搜集资料，然后根据已搜集的资料自由组合团队选做以下题目展开探究：

(1)绘制赵智凤生涯故事的漫画。

(2)编写赵智凤生涯故事的小剧本。

(3)写一篇关于赵智凤生涯的感想。

(4)以“寻访赵智凤”为主题，写一篇小报告。

2.请搜集赵智凤与大足石刻相关的故事和传说，举办一个故事分享会。

3.请拍摄一组以“赵智凤与大足石刻”为主题的照片，开办小型图片展。

第三章

巾帼英雄——秦良玉

她随夫作战，屡立战功，却不自报军功。

她北上勤王，慷慨解囊，扶危定乱，获皇帝作诗嘉许。

她战斗不息，保护川渝安定，令对手不敢踏入防区半步。

她胆识过人，擅长骑射，行军治兵，号令严明，统领军队远近闻名。

▲《秦良玉塑像》

上文所提及的女将军便是出自重庆的巾帼英雄——秦良玉将军。

中华文明自古有巾帼不让须眉的传统，如花木兰、樊梨花、杨门女将等女中英杰。她们的故事流传于街头巷尾，早已让人耳熟能详。但这些人物要么是民间传说，要么就是民间故事、小说演义中的人物，都不是真实存在的女将军。

在数千年的中国历史上，唯一载入正史中的女将军，就只有来自巴渝大地的秦良玉。

人物简介

秦良玉(1574—1648年),字贞素,四川忠州(今重庆忠县)人,明朝末年著名女将。

秦良玉是家中唯一的女孩,父亲尤其钟爱她,认为虽是女孩子,也应习兵自卫,以免在兵火战乱中“徒为寇鱼肉”。她的丈夫马千乘是汉朝伏波将军马援的后人,世袭石柱宣抚使(土司)。马千乘被害后,因为儿子马祥麟年幼,秦良玉于是承袭丈夫的职位。秦良玉任石柱土司,将自己境内治理的井井有条,引来众多逃难百姓到石柱定居。

秦良玉先后参加抗击清军、平定奢崇明之乱、对抗张献忠等战役,战功显赫,曾任上柱国光禄大夫,中军都督府左都督,驻四川等多处提督、总兵官、镇东将军等职衔,先后封少保加封太保兼太子太保,一品夫人,忠贞侯等。崇祯皇帝曾作诗四首赞颂秦良玉。她的一生文武双全、战功赫赫、精忠卫国,是中国古代被载入王朝正史中的唯一一位女将军。

传奇生涯

1.女中丈夫——助夫平叛

明朝时期,朝廷在播州(今贵州省遵义市)设立宣慰使司进行管理。1571年,凶狠狡诈的杨应龙世袭了父亲杨烈的播州宣慰使一职,成为播州的最高统治者。杨氏历代统治播州,实力雄厚,势力根深蒂固,早有不臣之心。他认为四川地区的官军弱不经战,不值一提,便想独霸一方进而占据整个四川称帝。杨应龙的住所也按照皇帝才能用的纹饰进行建造,俨然一个土皇帝。

1599年,杨应龙率部在播州发动叛乱,朝廷立即派兵征讨。当时秦良玉的丈夫马千乘率领三千多人跟随上司李化龙前往征讨。秦良玉亦率领五百精兵押运粮草,维护军队的粮草安全,与副将周国柱扼守邓坎(今贵州凤冈县南)。总督李化龙得知这一事情后,专门命令部下找人打造了一块银牌,在银牌上刻上“女中丈夫”四字,并将银牌奖励给秦良玉,以示褒奖。

万历二十八年(1600年)大年初二,当时参与平叛的明朝军队沉浸在欢度新春佳节的气氛中,守备有所松懈。但秦良玉很是冷静与理智,熟知兵法的她预料叛军可能会乘夜偷袭营寨，于是告诫丈夫马千乘严禁自己的部队饮酒，并加强戒备，分守关口要隘。半夜时分，叛军果然发动了突然袭击，但早有准备的秦良玉夫妇临危不乱，沉着应战，力保军营安然无恙。秦良玉夫妇还趁着叛军进攻受挫立足未稳之际，带领军队发起反攻，带领士兵乘胜追击，接连攻破金筑、葛泥、青冈嘴、榜山、虎跳关等地方。

平叛总督李化龙在上报皇帝的奏折中高度称赞秦良玉夫妇，崇祯皇帝闻之大喜，特意奖赏秦良玉夫妇银花四支、银碗四个、色缎四匹、银牌两面，以褒奖秦良玉夫妇非同一般的功绩。

2.巾帼不让须眉——进京勤王

崇祯三年（1630年），后金发动对明朝的大举进攻，永平四城相继失守，后金军队最高统帅皇太极率军进围京师——当时的北京城。此时的明朝国都处境非常危险，秦良玉奉诏率军勤王。临行前，她慷慨地拿出家中的财物充作军饷、购买粮草等。秦良玉带领她的白杆兵[①]，日夜兼程赶往京师。狭路相逢勇者胜，秦良玉的白杆兵与后金军队在京师外围相遇，还没来得及安营扎寨，就开始激烈的战斗。战场上的秦良玉手持白杆长矛，锋刃所到之处，后金军队一败涂地。她所率领的白杆兵将士，无不以一当十，打得后金军队望风披靡、落荒而逃。很快，秦良玉接连收复了滦州、永平，和其他勤王部队一道解了京师之围。解了北京之围后，崇祯皇帝大加感慨，特意召见了秦良玉，赏赐彩锦、钱币、牛羊、美酒，下诏褒奖她的美德并封秦良玉为一品夫人，加封少保、挂镇东将军印，并赋诗以彰其功。

▲秦良玉画像（清代）

崇祯帝御制诗（其一）

学就西川八阵图，鸳鸯袖里握兵符。

由来巾帼甘心受，何必将军是丈夫。

《明史·秦良玉传》记载秦良玉率部进京后，“驭军严，秋毫无犯”“都人闻白杆兵至，聚观者如堵，马不能前。”秦良玉所率军队驻扎在北京城，严守纪律，对

①白杆兵，明朝末期四川石柱土司秦良玉为其丈夫马千乘训练的一支善于山地作战的特殊兵种。此兵种所持的白杆枪用结实的白木（白腊树）做成长杆，上配带刃的钩，下配坚硬的铁环，作战时，钩可砍可拉，环则可作锤击武器。

百姓秋毫不犯。当时北京城的人听说白杆兵到了，都跑来围观，以致人群聚集，连马都不能走动半步。如今北京市宣武门一带的四川营胡同，就是秦良玉当年北上勤王屯兵的地方，在该遗址处门上刻有“蜀女界伟人秦少保驻兵遗址”十二个大字。

3.保境安民——对抗张献忠

崇祯六年（1633年），张献忠首次入川，攻掠夔外、大宁、大昌、新宁、通江、巴州、保宁、广元等州县。崇祯七年（1634年），再次入川，拥兵十万，再克夔州（今重庆市奉节县）、大宁、大昌、巫山、巴州等地。忠于明朝的秦良玉率领军队前往御敌，张献忠不战而退。秦良玉乘机追击，与自己儿子马祥麟统帅的军队形成前后夹击之势，打败张献忠，使之退走。而后张献忠迫于形势接受了朝廷招安。

崇祯十七年（1644年），张献忠率领大军再次进攻夔州，秦良玉率军前往救援，但因为寡不敌众，秦良玉战败。张献忠攻下成都后，秦良玉依然未有丝毫的害怕与妥协，她充满斗志地对部下说：“我的两个兄弟都已经战死沙场，我作为一个妇道人家，享受国恩二十多年。即便是到了现在这种地步，我也敢与其势不两立！”

当时的张献忠势力很大，在成都称帝后派人招降四川各土司，秦良玉军事力量比较弱小，有人建议投降，有人建议转移。秦良玉不肯向张献忠投降，并作《固守石柱檄文》，誓与石柱共存亡。已七十岁高龄的秦良玉，带着她手下历经百战的白杆兵，誓死抗敌。靠着秦良玉及其手下将士的努力，张献忠唯独对秦良玉驻守的石柱这一弹丸之地无可奈何。顺治三年（1646年），张献忠与清军作战，兵败身死。从张献忠入蜀一直到其败亡，其军队始终没能踏入石柱半步。

石柱县秦良玉墓碑

▲秦良玉之墓（墓碑）

清顺治五年（1648年）端午节后，年届七十五岁的秦良玉，在检阅白杆兵的活动中，刚刚迈下桃花马，身子突然一歪，离开了人世。这次阅兵也成了秦良玉与自己的白杆兵最后的诀别，一代巾帼英雄悄然落幕。

赞誉非凡

作为唯一进入封建王朝官修正史中的女将军，一生为朝廷尽忠，为国家效力，秦良玉获得了时人和后人的高度评价和非凡赞誉。

明朝崇祯皇帝为其作诗：

其一：

学就西川八阵图，鸳鸯袖里握兵符；
由来巾帼甘心受，何必将军是丈夫。

其二：

蜀锦征袍自剪成，桃花马上请长缨；
世间多少奇男子，谁肯沙场万里行。

其三：

露宿饥餐誓不辞，饮将鲜血代胭脂；
凯歌马上清吟曲，不是昭君出塞时。

其四：

凭将箕帚扫妖奴，一派歌声动地呼；
试看他年麟阁上，丹青先画美人图。

张廷玉："秦良玉一土舍妇人，提兵裹粮，崎岖转斗，其急公赴义有足多者。彼仗钺临戎，缩朒观望者，视此能无愧乎！"

钱海岳："良玉以巾帼效命疆场，古所未有也，迹其忠忱武略，足愧须眉已"。

陶澍："忠州女子天下齐，父是秀才夫土司。天生智勇不世出，坐令巾帼惭须眉。"

康有为："以敬姜之德、班昭之学、秦良玉之勇毅、辛宪英之清识、李易安之词章、宋若宪之经术，列于须眉男子中，亦属凤毛麟角。"

蔡东藩："独如良玉者实难多得，特笔加褒，为女界吐气，即为男子示愧，有心人下笔，固自不苟也。"

钱枚："明季西川祸，自秦中飞来天狗，毒流兵火。石柱天生奇女子，贼胆闻风先堕，早料理夔巫平妥。应念军门无将略，念家山只怕荆襄破。妄男耳，妾之可。蛮中遗像谁传播，想沙场弓刀列队，指挥高座。一领锦袍殷战血，衬得云鬟婀娜，更飞马桃花一朵。展卷英姿添飒爽，论题名愧杀宁南左，军国恨，尚眉锁。"

秋瑾：“古今争传女状头，谁说红颜不封侯。马家妇共沈家女，曾有威名振九州。”

秦文渊：“全蜀安危女子身，勤王归后更烟尘；无才杨邵殃余楚，失险夔巫哭有秦。白发倘教专节钺，红羊劫不到斯民；老彭窃比春秋笔，季世残编泣掐神。”

董说：“追奔一点绣红旗，夜响刀环匹马驰；制得饶歌编乐府，姓名肯入玉台诗。”

胡适：“中国历史(上)有个定鼎开基的黄帝，有个驱除丑虏的明太祖，有个孔子、有个岳飞、有个班超、有个玄奘，文学有李白、杜甫，女界有秦良玉、木兰，这都是我们国民天天所应该纪念着的。”

冯玉祥：“纪念花木兰，要学秦良玉。”

郭沫若：“像她这样一位不怕死不爱钱的女将，在历史上毕竟是很少的。”

课后探究

1.巾帼英雄秦良玉的一生，始终有白杆兵伴随左右。白杆兵所用武器白杆枪，“它用结实的白木(白腊树)做成长杆，上配带刃的钩，下配坚硬的铁环，作战时，钩可砍可拉，环则可作锤击武器。”请同学们根据这一记载，并查阅相关的历史文献，尝试着来绘制“白杆枪”这一兵器的图案吧！

2.秦良玉故居所在地的重庆市忠县政府正着力将秦良玉故居打造成独具特色的城郊公园，成为忠州居民休闲旅游的好地方。同学们可分小组前往当地进行调查，并形成调查报告，给当地政府提一提你对秦良玉故居的设计方案。

秦良玉故居设计理念调查与建议	
调查时间	
调查地点	
调查方法	
调查人	
准备事项	
报告正文	
设计建议	

3.关于“巾帼英雄”秦良玉有很多的传奇故事，同学们可以阅读小说《秦良玉》，通过阅读小说去了解和对比小说中的秦良玉与《明史·秦良玉传》中的有何不同，并同你的小伙伴们一起分享。

我们一起找不同		
	小说《秦良玉》	《明史·秦良玉传》
对秦良玉的描述		
对白杆兵的描述		
对战斗场面的描述		
对秦良玉的评价		
其他……		

第四章

民主斗士——邹容

少年壮志扫胡尘，叱咤风云革命军。
号角一声惊睡梦，英雄四起挽沉沦。
剪刀除辫人称快，铁槛捐躯世不平。
风雨巴山遗恨远，至今人念大将军。

▲青年邹容

这是无产阶级革命家吴玉章同志在1961年纪念辛亥革命50周年之际写的一首诗，表达了他对一位伟大革命者的怀念。你知道诗中的“大将军”是谁吗？诗里提到了有关“大将军”的哪些重大事件呢？让我们一起来寻找答案吧！

特立独行少年时

诗中的“大将军”就是伟大的革命者——邹容。邹容原名绍陶，又名桂文，字蔚丹（威丹），1885年出生于四川巴县（今重庆市）夫子池洪家院子的一个富商家庭。

邹容可谓少年神童，聪慧过人，博闻强记。他六岁开始进入私塾读书，没花几年工夫就读完了科举考试要求的“四书”“五经”，而且涉猎广泛，通读了司马迁的《史记》、班固的《汉书》等史学著作。他的父亲对他寄予厚望，希望他日后能够考取功名升官发财。然而，邹容虽然聪慧过人，却从小表现出了不同于普通孩子的“叛逆”，这种叛逆并不是言语行为的，而是思想上的“离经叛道”。

一方面，邹容逐渐厌弃传统旧学，反对八股文。13岁时，他曾因主考官以偏题刁难考生而愤然罢考，并对父亲明确表示“臭八股，儿不愿学”。另一方面，少年邹容热衷新学，深受郑成功反满民主主义思想和戊戌维新思想的影响。他对西方近代思想广采博取，认真阅读了《天演论》《时务报》《渝报》等宣传维新思想的书报，不断丰富自己的思想，开阔自己的视野。

▲少年邹容

1898年9月，戊戌政变爆发，谭嗣同慷慨就义。当消息传来时，13岁的邹容激愤异常，心情万分沉痛。他不顾个人安危，将“朝廷钦犯”谭嗣同遗像挂在自己座位旁并题诗表示哀悼：

赫赫谭君故，湖湘士气衰。

惟冀后来者，继起志勿灰。

这首诗旗帜鲜明地表现出邹容对于新事物的追求和对陈腐旧事物的唾弃，而且此诗还呼吁“后来者”不要灰心，更加勉励自己坚持革新道路。忧国忧民的少年邹容决心学习谭嗣同为革命献身的精神，粉身碎骨在所不惜。

东渡求学成斗士

1902年，年仅17岁的邹容东渡日本留学，进东京同文书院学习，希望能够找到救国救民的真理。在这里，他结识了一批志同道合的革命青年，积极参加孙中山在日本领导的革命活动。同时，他如饥似渴地学习西方资产阶级革命理论和革命历史。

1903年，中国留日学生新生团拜会在东京举行。这种盛会，已经在留日学生中小有名气的邹容自然要参加，而且他认为这是宣传革命的最好机会。团拜会进行到一半，邹容上台发表了一通慷慨激昂的演讲。演讲的内容主要是抗拒俄国入侵我国东北，揭露清王朝卖国的本质。邹容正讲得兴起，会场忽然一阵骚乱。原来，清政府指派的留日陆军学监姚文甫听说学生们在这里集会宣传推翻清政府，带领日本警察前来干涉。

姚文甫长期监视学生，破坏学生活动。血气方刚的邹容决定找机会教训一下他，挫挫他的嚣张气焰。当邹容得知姚文甫生活作风腐化的丑闻后，便邀约陈独秀、张继等几位好友，闯进姚的宿舍，怒斥姚的丑行，将姚头上的辫子剪掉。邹容将姚文甫的辫子带到留日学生会馆，挂在会馆的正梁上示众。这件事在留日学生中引起了轰动，大家都拍手称快。上海的《苏报》很快发表了《剪刀除辫人称快》的消息。邹容因此受到清政府驻日公使的迫害，1903年4月被迫回到上海。

革命军中马前卒

邹容到达上海后，寄住在泥城桥福源里的爱国学社内。这期间，邹容一面投入轰轰烈烈的拒俄运动，痛斥沙俄侵占我国东三省的罪恶行径，一面完成了早在日本期间就已经开始撰写的《革命军》一书。

1903年5月，《革命军》在上海出版单行本。犹如一声震撼大地的惊雷，在国内外引起强烈的反响，被誉为中国近代的“人权宣言”，吹响了近代中国民主革命的进军号角。

邹容在《革命军》中热情地歌颂革命，把革命视为中国存亡的关键，认为：“惊数千年之睡狮而起舞，是在革命！是在独立！”他还在书中揭露了清王朝的腐朽和卖国罪行，认为如果不推翻清政府，中国将“十年灭国，百年灭种”。邹容表示，即使“刀加吾颈，枪指吾胸”，也要起来推翻清王朝。

《革命军》是中国第一部比较系统地宣传资产阶级民主革命思想的不朽著作，出版后在国内外多次被翻译，发行上百万册，对于资产阶级民主革命思想的形成产生了重要影响。它就像指路明灯，激励着无数爱国人士为了国家的独立、民族的振兴奋战不休。正如鲁迅先生所言，“便是悲壮淋漓的诗文，也不过是纸片上的东西，于后来的武昌起义怕没有什么大关系。倘说影响，则别的千言万语，大概都抵不过浅近直接的‘革命军马前卒邹容’所做的《革命军》。”

▲《革命军》封面

英年早逝叹风流

《革命军》的出版发行，引起清政府的仇视和恐惧。1903年7月，邹容因“苏报案”[①]随章太炎入狱。狱中残酷的折磨，恶劣的环境，摧毁了邹容本来就很羸弱的身体。1905年4月3日，邹容不幸在狱中病逝，年仅20岁。

正如邹容在《革命军·自序》中引用的蒋观云《卢骚》诗中的一句：“文字收功日，全球革命潮”，邹容虽然已经逝去了，但是他留下的余韵风流却永远地影响着这个世界。

▲邹容之墓

① 1903年5月，资产阶级革命家章太炎为《革命军》一书作序，并刊发在上海《苏报》上。6月，清政府勾结帝国主义查封了《苏报》，逮捕了章太炎。

1906年4月3日,邹容的遗体被安葬在今上海市华泾镇建华村。

1912年,孙中山就任南京临时政府大总统,因为“邹容在全体国民都醉生梦死的时候,独能著书立说,鼓舞人心”,追赠邹容为陆军大将军,“告慰忠魂,使之永垂不朽!”

1943年,重庆市将原夫子池洪家院子至苍坪街原邹家祠堂一段街道改名为邹容路。

▲邹容烈士纪念碑

1946年6月,国民政府在重庆建立了邹容烈士纪念碑,位于今重庆市渝中区南区公园内。纪念碑碑体底部八面皆镌刻碑文。碑文是根据民主革命家章太炎先生在民国十一年(1922年)所撰写的《赠大将军邹君墓表》一文略加修改而成的,主要叙述了邹容烈士的生平。

邹容的一生就像一颗划过天空的流星,虽然短暂,却光芒四射!他用最绚烂的光辉,将革命思想洒向人间。就像篇首吴玉章同志在《纪念邹容烈士》这首诗中称赞的那样:

邹容年纪轻轻就有了扫除清朝贵族的雄心壮志,他在革命大潮之中叱咤风云,写出了煌煌《革命军》警醒世人。这本书宛若一声号角惊醒了沉睡的迷梦,也唤起了沉沦中的人民。邹容曾经用剪刀剪掉了小人的辫子大快人心,最后却在牢狱捐躯让人不平。风雨巴山是他归来的地方，英雄逝去遗恨深深，我们后人至今铭记他的贡献，称道这位年少有为的大将军！

课后探究

1.编制邹容年谱。邹容的生命虽然只走过了短短的20年，却焕发出了无数平庸人生所不能拥有的伟大光辉，注定将要被人民所深深铭记，永远怀念。请同学们查阅资料为邹容编制一份简明人物年谱（大事年表）吧！

邹容年谱	
1885年	出生于四川省巴县（今重庆市渝中区）。原名绍陶，又名桂文，字蔚丹（威丹），留学日本时改名为邹容。
1890年	邹容5岁，入私塾读书。他从小聪慧，言行叛逆。

2.读《革命军》，悟民主魂。邹容的《革命军》节奏简洁明快，语言浅显易懂，它高举着“民主”与“革命”两杆大旗，激励着当时无数爱国人士为了国家的独立、民族的振兴奋战不休。请同学们利用课余时间在网上阅读《革命军》全文，并写下自己的感悟。

3.寻找重庆的“邹容”印象。许多年来，重庆人民用各种方式来纪念邹容这位伟大的民主斗士。在重庆，有邹容烈士纪念碑、邹容路、邹容广场、邹容小学……你知道它们都在哪里吗？请同学们利用假期去探个究竟吧！调查后完成简要的调查报告。

关于　　　　的调查报告	
调查的目标	
调查的方式	
调查的成果	（可用文字总结、照片、绘制路线图等方式）
我的感悟	

第五章

怒洒热血——赵世炎

他少年英才，痛剪长辫决心与清朝统治者彻底决裂。

他以笔为刀，宣传马克思主义，痛批当时中国社会的弊病。

他肩负使命前往欧洲，勤工俭学，追求真理。

他领导工人运动，身先士卒，英勇无畏，用生命与敌人抗争。

他的一生都在战斗，对党、对事业无限忠诚，工作中深入群众，生活上艰苦朴素，对敌斗争奋不顾身。

他是巴渝大地孕育的忠诚的革命斗士，是酉阳人民的骄傲，是重庆人民的光荣。

他的一生，是革命的一生、战斗的一生、光荣的一生。他树立了一座光耀千秋的精神丰碑。

▲青年赵世炎

人物简介

赵世炎（1901—1927年），字琴生，号国富，笔名施英，重庆酉阳人。中国共产党早期杰出的无产阶级革命家、卓越的马克思主义理论传播者、著名的工人运动领袖、中国共产党的创始人之一。2004年，被评为“重庆籍十大历史名人”。2009年，赵世炎被中共中央宣传部、中共中央组织部等11个部门评为

"100位为新中国成立做出突出贡献的英雄模范人物"。

1919年,赵世炎便开始组织和领导同校学生参加爱国运动。1920年,赵世炎赴法国勤工俭学,后与张申府、周恩来等发起成立旅法中国共产党早期组织。1923年,赵世炎和陈延年等带领一批青年前往莫斯科东方劳动者共产主义大学学习。1924年,应李大钊要求,赵世炎回国工作,积极领导工农运动。1927年,赵世炎同陈独秀、周恩来等领导和指挥了上海工人第三次武装起义并取得了胜利。1927年7月19日,赵世炎被国民党杀害于上海,他遇害时年仅26岁。赵世炎的一生是短暂的,但他在中国共产党和中国革命的历史上写下了不朽的光辉篇章。

传奇生涯

1.思想觉醒——痛剪长辫

酉阳县位于重庆市的东南部,地处武陵山区腹地,山清水秀,人杰地灵。这秀丽的山川赋予了当地人民更多的灵性与勇敢。

1901年,赵世炎出生在酉阳县龙潭镇。赵家在号称"小南京"的龙潭古镇算是数一数二的大户人家,经营着桐油等生意。赵父不惜花重金为儿女聘请名师,在家讲授诗书。

赵世炎从小就酷爱看书学习,喜欢听大人们讲"酉阳教案"等故事,十分崇拜那些敢于挺身而出打击洋人的英雄们。因而,反对帝国主义和封建主义的思想在其年幼时就深深扎下了根。

1912年秋天,赵世炎入读龙潭高级小学堂,在这里他遇到了对他思想有较大影响的地理老师。赵世炎的地理老师是中国同盟会会员王勃山,他常常向学生们宣传反帝反封建思想。在一次地理课上,王勃山讲到香港被英国割占,九龙、澳门被列强霸占,中国领土被列强瓜分,大好河山支离破碎时,边讲边哭。当时,许多同学受老师爱国主义情绪感染,跟着痛哭。赵世炎怒目切齿,默不作声,下课后,反复高唱岳飞的《满江红》:"壮志饥餐胡虏肉,笑谈渴饮匈奴血……"

▲赵世炎同志故居

随后，赵世炎在哥哥赵世珏的革命思想影响下，剪掉头上的辫子，决心与清朝统治者彻底决裂。在他的影响下，龙潭镇小学堂许多小男孩也剪了长辫子，许多小姑娘扔掉裹脚布。对于赵世炎离经叛道，母亲惊慌失措，父亲赵登之却微笑着夸奖儿子有志气。

2.追求真理——勤工俭学

在1919年五四运动时期，受到新文化运动和反帝爱国斗争的影响，为寻求救国救民的知识和真理，大批青年赴法国开展勤工俭学运动。

1920年5月9日清晨，赵世炎搭乘的法国阿芒贝尼克号轮船驶出上海杨树浦码头。轮船经过50天航行，抵达法国马赛。赵世炎来到巴黎，主要为附近华人服务和帮助华人教育会做些编辑出版工作。他经常找朋友讨论勤工俭学的情况，其中包括16岁的邓小平。后来，赵世炎在巴黎西郊一家铁厂工作，其间，经历了母亲病故等悲痛。他每天坚持3小时的学习，阅读一些宣传马克思主义的小册子。每到黄昏，赵世炎就独自跑到楼顶平台，借助夕阳余晖读书，并自喻“黄昏之贼”。1921年，赵世炎与李立三、刘伯坚等人共同努力，成立华工劳动学会。1921年2月 28日，赵世炎与400多名中国学生到巴黎游行示威，呼吁面包权、读书权和劳动权。随后，因反对迫害中国学生，赵世炎等人被抓，囚禁于法国兵营，后被李立三以“狸猫换太子”的方式巧妙营救出来。1922年6月，赵世炎与李立三等人在法国筹备建立旅欧中国少年共产党，赵世炎被推选为书记。同年秋，经胡志明介绍，赵世炎和王若飞、萧三等人加入法国共产党，成为国际党员。

在法国勤工俭学的生活实践，迅速提高了赵世炎观察社会、分析问题的能力，他也成长为一名坚定的共产主义战士。

3.峥嵘岁月——领导工农

1924年，应李大钊要求，赵世炎回国工作，积极领导工农运动。

1926年，轰轰烈烈的国民大革命爆发了。北伐战争的不断胜利，促进了工农运动的高涨。1927年3月21日，上海工人发动第三次武装起义。武装起义由周恩来任总指挥，罗亦农、赵世炎一起负责领导工作。在起义爆发之前，赵世炎主要精力都放在上海第三次武装起义的组织准备工作上。在赵世炎的积极努力下，到1927年2月底，工会成员发展到28.9万人，纠察队员达到5000多名，其中150人手中有了武器。

▲上海工人第三次起义中的工人纠察队

1927年3月20日，杭州方向的北伐军已经到达上海附近，统治上海的军阀部队已陷入一片混乱，中午12点上海第三次武装起义爆发。起义当天下午2点，赵世炎离开总指挥部，前往沪东纠察队，亲自指挥战斗。在他的带动下，纠察队发起猛烈攻势，很快攻入上海闸北地区。上海闸北区是这次起义中战斗最激烈的地方，从20日中午12点到21日下午6点，前后激战两天一夜。敌人在闸北的兵力配备很强，加上英国、日本帝国主义也用铁甲车炮轰群众。在赵世炎的指挥下，上海工人用手中仅有的武器同敌人顽强战斗。

上海起义工人经过30多个小时的激战，打败了军阀部队，占领上海（外国控制的租界除外）。这是中国工人运动的一次壮举，为北伐军在江浙战场的胜利做出了重要贡献。上海解放的第二天，上海《申报》刊登赵世炎讲话："现在大局，虽已底定，我人并不据以为功，要知我人之暴动，系为全市民谋福利而暴动，已得市民之竭诚相助……希望各界互相合作，共负建设责任。"

4.精神永存——英勇就义

龙华授首见丹心，
浩气长虹烁古今。
千树桃花凝赤血，
工人万代仰施英。

这是我国伟大的革命家、教育家吴玉章缅怀赵世炎的诗篇，"施英"便是指的赵世炎。赵世炎的一生是短暂的，牺牲之时年仅26岁。他将自己的青春和热血献给了自己多灾多难的祖国，在救国救民的革命道路上写下了不朽篇章。

1927年4月，蒋介石背叛革命，发动了"四一二"反革命政变，大肆屠杀共产党人和革命群众，上海处在腥风血雨中。赵世炎受到党的派遣，回到白色恐怖笼罩下的上海，继续领导革命、坚持斗争。

7月2日由于叛徒出卖，敌人到赵世炎家中准备抓捕。赵世炎的岳母、也是革命母亲的夏娘娘将信号花盆推到路上摔碎以向他报警，但因为当时下着倾盆大雨而未起到报警作用，导致赵世炎不幸被捕。在被捕之后，赵世炎还想方设法让其夫人夏之栩秘密通知党组织进行转移，以免被敌人发现。

赵世炎面对严刑拷打，坚贞不屈，反而把敌人的监狱当成自己的讲坛，宣传党的主张和共产主义理想，揭露反动派的罪行，坚信革命一定会成功，胜利的曙光终将属于人民，属于中国共产党。他还鼓励狱友们不要害怕，越怕就越没有希望，革命是要付出代价的，我们今天的牺牲必将换来明天的胜利。

1927年7月19日，上海枫林桥畔，赵世炎在牢房里刚吃过早饭，就有监狱的看守突然叫出了他。赵世炎知道，最后斗争的时刻到了，他理了理穿在身上的已经变旧的西装，系好领带，扣好纽扣，从容地走到牢门口，回过头来与狱友点头告别。当他走出牢房门口，随即镇定地高呼："工农联合起来打倒新军阀蒋介石！""中国共产党万岁！"刽子手们看到赵世炎此时依然如此镇定，如此神采奕奕，又听到赵世炎英勇的口号声，不禁为之战栗，狂叫"砍，拿刀砍"。

一代英雄，少年英才，党的好儿子——赵世炎为了革命，为了党的事业，英勇就义，但他的革命精神一直激励着后来人。

赞誉非凡

在赵世炎短暂而又充满革命激情的生涯中，获得了时人与后人的高度评价和颂扬，他对马克思主义的理解与宣传，在国内外均有很大影响。

下面仅摘录部分名人对赵世炎及其革命事业的评价：

周太玄："赵世炎给我的印象特别深切。他于热情灵动之中，表现一种又诚挚又英发的气概。从他所讲的他们的生活与学习情况中，透露出他的条理和毅力。"

毛泽东在回忆轰轰烈烈的大革命时说道："四川的同志中，赵世炎影响最深。"

聂荣臻："对党、对事业无限忠诚，工作中深入群众，生活上艰苦朴素，对敌斗争奋不顾身，对同志坚持原则而又热情可亲，世炎同志是一个高尚的共产主义者。"

邓颖超："他那对党对共产主义事业的无限忠诚，他那认真负责细致不苟的工作作风，他那既严肃又和蔼可亲的平易近人的态度，他那顽强的斗志和英勇牺牲的气概，表现了共产党员高尚的品质。"

课后探究

1.根据赵世炎的个人事迹和轶事典故，编排关于赵世炎的话剧如《痛剪长辫》等。

2.赵世炎的一生是战斗的一生，他身上有很多精神值得我们后人学习和践行。请同学们仿照下图的格式来为赵世炎制作一张"人物宣传卡"。

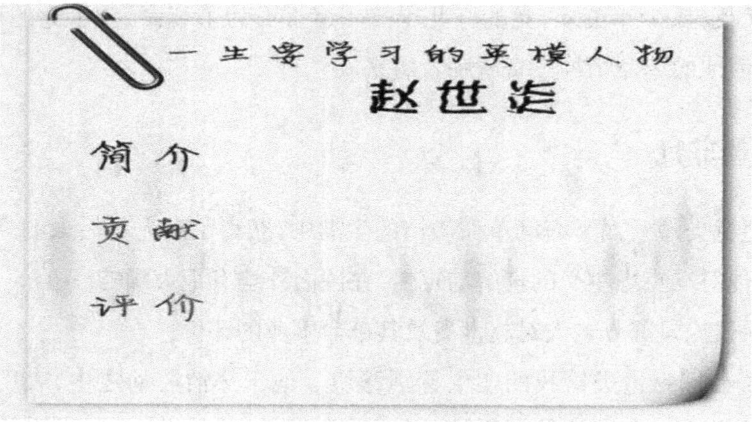

3.关于赵世炎的纪录片、电视剧有很多，同学们可观看纪录片《赵世炎》、电视剧《我们的法兰西岁月》等，去重温那段历史。然后在班级内分小组展开观影分享会，点评纪录片、电视剧所再现的历史情境。

示例：

《我们的法兰西岁月》	
观看内容	第　　集
剧情简介	
对应的 历史事件	
我的 观后感	

第六章

一代军神——刘伯承

他的一生是一部传奇的历史，写满了沧桑。

他的一生是一幅美丽的画卷，处处皆风景。

他的一生是一曲悲壮的凯歌，步步皆危难。

他功高不邀功，权重不恋权。他讲军事，也讲政治，更讲民主。他的刻苦让人铭记，他的谦逊叫人仰慕，他的韬略被人称奇，他的远见亦独树一帜。

在他传奇的一生里，他是冲锋陷阵的勇士，他是驰骋沙场的将军，他是身经百战的开国元勋。

他是为军人、为战争而生的战神。

刘伯承，一个时代的传奇，一段战争的传奇，一部历史的传奇。

人物简介

刘伯承(1892—1986年)，原名刘明昭，曾用名刘伯坚，重庆市开县(今开州)人。中国共产党的优秀党员，中华人民共和国元帅，中国人民解放军缔造者之一，伟大的无产阶级革命家、军事家、马克思主义军事理论家、军事教育家。

刘伯承在辛亥革命时期便已从军，1926年加入中国共产党。相继参加了北伐战争、八一南昌起义、土地革命战争、长征、抗日战争、解放战争等。新中国成立后，历任中共中央西南局第二书记，西南军政委员会主席，中国人民解放军军事学院院长兼政委，中央人民政府人民革命军事委员会副主席。1955年被授予元帅军衔。1986年10月7日在北京逝世，享年94岁。刘伯承为中华民族和中国人民的解放事业建立了不朽功勋，为我国的国防建设和社会主义建设事业做出了杰出贡献，对我国军队向正规化、现代化迈进做出了卓越的贡献。

传奇生涯

1.独眼“军神”

1917年8月，刘伯承率领川东护国军第一支队北上讨伐袁世凯，在丰都战斗中，刘伯承身先士卒，带头冲锋，当他掉头招呼一个落在后面的士兵时，却不幸被敌人的流弹击中，子弹从颅顶射入，从右眼眶飞出，血流如注，他当即昏厥倒地。后来，刘伯承被群众所救，在临江门外一所教会医院治疗眼伤。给刘伯承医治眼伤的是医术高明的德籍军医沃克，看过刘伯承的眼伤后，决定对刘伯承施行全身麻醉的手术。刘伯承从沃克医生口中了解到，施用麻醉药，有可能对大脑神经带来不良影响，他坚决地向沃克医生提出，给他做这次手术不用麻醉。刘伯承的坚强意志深深感动了沃克医生，他终于同意了刘伯承不用麻醉药物的请求。手术开始后，沃克医生聚精会神地用锋利的手术刀先将腐肉割去，然后将破碎的眼球挖掉，最后再将断裂的血管缝好……

在长达3个小时的手术中，刘伯承始终未呻吟一声。沃克问他:痛不痛?答:当然痛!沃克又问:那你怎么克服的?刘伯承回答:我在数你为我开了多少刀!你为我开了72刀。沃克被刘伯承钢铁般的意志感动，不禁为之动容:“你不是军人，而是军神！军神！真有三国关云长刮骨疗伤的气概!”后来因为这个广为传颂的故事便称刘伯承为“军神”。

▲青年刘伯承戎装照

经过半个多月的治疗，刘伯承眼伤刚愈，即被川军总司令熊克武先后任命为第9旅参谋长、第2混成旅第1团团长。他在反袁世凯的护国战争中，率部浴血奋战，骁勇异常。他因多谋善断，治军有方，被誉为“川中名将”“独眼军神”。

2.重叠设伏

1937年，日寇对中国发起全面侵略，中华民族全面抗战爆发。刘伯承率刚刚改编的八路军129师奔赴敌后，展开对日作战。在1937年10月的七亘村伏击战中，刘伯承利用敌军骄傲轻敌和麻痹大意的心理弱点，连续在七亘村一带设伏，以极其微小的代价换取了很大的胜利。

1937年10月中旬，为打击沿正（定）太（原）铁路西犯的日军，配合国民党军保卫忻口、太原，八路军第129师师部率第386旅进抵山西省平定地区，积极寻机侧击日军。25日，侦悉日军第20师团主力一部经测鱼镇正向平定进犯，其后方辎重部队约1000余人进至测鱼镇宿营。第129师师长刘伯承判断该部日军必于次日经七亘村西进，即令第386旅在七亘村附近设伏。26日9时许，当测鱼镇日军进入预定伏击地区时，待伏部队即发起冲击，经两小时激战，消灭日军300余人，缴获骡马300多匹及大批军用物资，其余日军逃回测鱼镇。刘伯承判断，日军前方急需补充粮弹，其辎重部队仍将经七亘村西进，遂令原设伏部队再次在七亘村附近设伏。

▲抗日战争时期的刘伯承

28日，日军果然以步、骑兵400余人掩护辎重部队仍沿原路西进，并加强警戒搜索。11时许，当日军进入伏击地区时，伏击部队突然发起猛烈冲击，展开白刃格斗，战至黄昏，消灭日军100余人，缴获骡马数十匹。八路军第386旅在七亘村重复设伏，完全出乎日军意料，两次均获胜利，打击和迟滞日军的西犯行动，有力地支持了国民党军作战。

在同一个地点，在两天之内先后两次设伏，并都大获全胜，这在战争史上实属罕见。"兵不重伏"，本来是兵家的用兵原则。但是刘伯承反其道而用之，连续同一处设伏，正暗合兵法"运用之妙，存乎一心"，体现出了刘伯承元帅用兵谋略之妙。此战被国军名将卫立煌称为"战史上的奇迹"，赞誉刘伯承为"当之无愧的名将"。此战也被列为刘伯承的经典战法战术案例，写进了不少国家的军事教科书。

3.挺进大别山

大别山区位独特，位于华东地区，靠近国民政府首都南京与湖北重镇武汉，具有独特的战略地位。1947年6月，在解放战争中，人民解放军第二野战军即刘邓大军向国民党统治地区大别山实施了进攻的战略性行动。

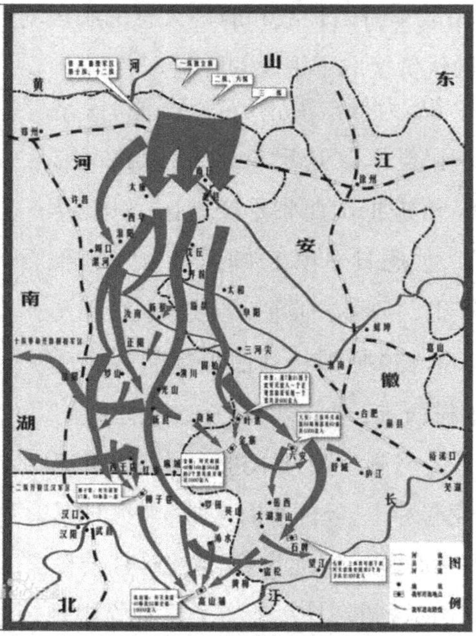

刘邓大军挺进大别山形势图
一九四七年八月—十二月

当时解放军尚处劣势，第二野战军离开根据地挺进鲁豫，已经处在虎狼夹击之中。为了掩盖真实的用兵企图，刘伯承指挥军队做出许多“示假”举动，把敌人引入迷途。刘伯承首先指挥军队打了鲁西南战役，使敌人误以为我军要夺陇海，于是调兵防守；随后，命令部队在黄河渡口佯攻，造成北进回归根据地之势，蒋介石立即调三十个旅分五路开进郓城、巨野。然而，刘邓大军的真实行动方向却相反，甩掉大后方向南挺进，完全打无后方战役，到此时蒋介石还以为刘邓大军是在不能渡河的情况下被迫向南移动。只有到了刘邓大军渡过涡河、沙河、黄泛区之时，蒋介石才明白了我军的意图，但为时已晚。

刘邓大军挺进大别山后，如同在敌人的腹部楔进了一根钢钉，使以蒋介石为首的国民政府随时都深感不安。这一举措牵制了蒋介石国民政府南线兵力一百六十个旅中的九十个旅。

刘邓大军采取无后方的千里跃进的进攻样式，直捣国民党军统治的大别山区，创建了革命根据地，对其首都南京和武汉两大重镇构成了巨大的威胁，为转入全国性的战略进攻奠定了基础，为解放战争的胜利设下了伏笔。千里跃进大别山堪称是刘伯承军事指挥艺术的杰作。

赞誉非凡

在刘伯承元帅的传奇生涯中，获得了各界名人非凡的赞誉和推崇。其所受赞誉之多、推崇之高，鲜有出其右者！

下面仅摘录部分名人对刘伯承军事生涯的评价：

毛泽东在长征中抢渡金沙江时说："四川人称刘伯承是一条龙下凡，江水怎么会挡得住龙呢？他会把我们带过去的！"

蒋介石说："论战术之奇，刘伯承数中国军界一绝。"

朱德说："伯承在军事理论上造诣很深，创造很多。具有仁、信、智、勇、严的军人品质，有古名将风，为国家不可多得的将才"。

陈毅说："论兵新孙吴，守土古范韩。"

徐向前说："渊渊韬略成国粹，浩浩青史记殊荣。"

陈颐鼎说："刘伯承真是天下奇才。他的那些打法，自古以来的兵书战策上从来没有过。"

郭汝瑰说："此人乃中共方面最能作战之人也。"

为刘伯承做手术的德国军医沃克说："他是军神，是一块会说话的钢板。"

日本人阿布秀山说："谁拥有刘伯承这样卓越的将帅，谁就必定是战场上的胜利者。"

美国人杰米·卡洛奇说："20世纪全世界出现了六个伟大的军事家，中国的刘伯承是其中最神奇的一个。"

斯大林说："刘伯承指挥的淮海战役是一个'奇迹'"。

英国的詹姆斯·爱特说："一个真正的军人，渴望战争又憎恨战争，一个伟大的军人，就不仅能操纵战争，而且能消灭战争。刘伯承就是人类军事史上一个罕见的真正而伟大的军人。"

课后探究

1.关于"一代军神"刘伯承元帅的事迹还有很多很多，同学们可以选择阅读下列书籍以加深印象。

读书笔记	
书名	
作者	
出版社	
阅读日期	
本书概况	
读后感悟	

2.刘伯承戎马一生,战功卓绝。请同学们查阅资料为刘伯承元帅编制一份简明人物年谱(大事年表)吧!

刘伯承生平大事年表	
时间	生平事迹
1892年	刘伯承出生于今重庆市开州赵家场张家坝。
1897年	入私塾读书。
……	……

3.同学们可以通过参观位于重庆开县(今开州区)的刘伯承元帅故居和纪念馆,以获得对刘伯承元帅更直观和更丰富的印象。

第七章

儒雅忠勇——聂荣臻

他早年留学海外，却心系祖国，最终走上了革命的道路，为祖国的解放与富强奋斗终生。

他曾执教黄埔，为民族培养了军界群英。

他曾参加南昌起义，为人民军队奠基。

他创建了晋察冀敌后抗日根据地，首先开辟敌后战场。

他曾主政国防科委，“两弹一星”成就辉煌，铸就了大国重器。

他就是开国元勋——聂荣臻。

人物简介

聂荣臻（1899—1992年），重庆江津人，中国共产党优秀党员，杰出的、忠诚的无产阶级革命家、军事家，中国人民解放军的缔造者之一，长期担任党、国家和军队重要领导职务的卓越领导人。

1922年，在法国留学期间加入中国少年共产党，1923年春转为共产党员。从此踏上革命救国的道路。1925年，从苏联回国，相继执教黄埔军校、参加北伐、筹划八一南昌起义、领导广州起义，曾任红军参谋长、领导长征，任职八路军115师副师长，创建晋察冀抗日根据地、统率华北解放军参加解放战争等。新中国成立以后，先后担任中央军委代理总参谋长、中央兵工委员会副主任、国家航空工业委员会主任、国务院副总理、国防科技委员会主任、中央军委副主席等职，1955年被授予元帅军衔。1992年在北京逝世，享年93岁。

聂荣臻为中华民族的解放事业立下了不朽功勋，新中国成立后长期主政国防科研事业,为国防现代化做出了卓越贡献,晚年积极支持邓小平同志领导改革开放伟业,为中华民族伟大复兴奠定了坚实的基础。

光辉的一生

1.少年立志

1918年端午节,弱冠之年的聂荣臻与同窗好友乘船畅游长江。面对浩浩长江,他情绪激昂地说:“我辈要以报国为根本,为中华民族的崛起而建功立业。诸君将来再聚时,要有所成就方不负我们同窗之谊。”1919年,为反对巴黎和会对中国正当利益的侵犯,聂荣臻领导了江津学生会的爱国运动。1921年,聂荣臻赴法勤工俭学,寻求救国道路。在法国他开始阅读了《共产党宣言》《国家与革命》《共产主义ABC》等著作,使他在思想上有了质的飞跃。加之国内处于帝国主义列强欺压掠夺、军阀混战、封建残余势力横行无忌的现实情况,使得聂荣臻终于认识到要想实现国家独立、民族富强,使四万万中国人能有尊严的屹立于世界民族之林,只有学习苏俄的社会主义道路。1922年,他在给父母的信中写道:“男也,虽不敢云以天下为己任,而拯父老出诸水火,争国权以救危亡。是青年男儿之有责!况男远出留学,所学何为!绝非一衣一食之自为计,而在四万万同胞之均有衣有食也。亦非自安自乐以自足,而在四万万同胞之均能享安乐也。此男之素抱之志,亦即男视为终身之事业也!”。此信表达了年少的聂荣臻已经立下了为中华民族崛起而努力奋斗的坚定志向。1922年6月,旅欧中国少年共产党在巴黎成立。8月,由刘伯坚和熊味耕介绍,聂荣臻参加了旅欧少年共产党,开始走上了为共产主义事业奋斗的道路。

2.击毙日军“名将之花”

1939年10月下旬,盘踞在张家口的日军第二独立混成旅团旅团长阿部规秀中将,派遣辻村宪吉大佐率领日军第一大队和伪军共计1000多人进驻涞源城,准备对根据地进行扫荡。11月3日,这股日军在雁宿崖被我军包围并加以全歼。聂荣臻在与日军打交道的两年多时间里,已经摸到了日军的规律:一旦吃亏,肯定会报复,失败越惨,报复得愈凶。所以,聂荣臻命令部队隐蔽待机,准备更大的战斗。

▲晋察冀军区司令员——聂荣臻

阿部规秀所率领的独立混成第二旅团是日军的精锐部队。他本人更是被日本军界捧为精通山地战的“名将之花”。11月4日,骄横狂妄的阿部规秀亲率1500多人深入根据地寻找八路军主力“复仇”。聂荣臻亲自作战斗部署,他命令八路军把日军诱进黄土岭地区,利用有利地形集中兵力加以歼灭。11月6日,敌人被我军成功诱入黄土岭一带,落入我军的包围圈。11月7日,敌我双方在黄土岭展开激战,日军拼死突围,我军愈战愈勇,力争全歼这股敌人。炮兵连的战士们更是大显神威,发现一座屋子走出几个敌人,在比划指挥,断定那可能是敌人的指挥部,立即瞄准炮击,并准确命中,阿部规秀当场毙命,其所率领的日军在该役中遭到毁灭性的打击。

击毙日军中将级别的高级指挥官,这在敌后抗日战场上是第一次,在中国人民的抗战史上也是第一次。日军华北方面军司令多田骏哀叹“名将之花凋谢在太行山上”。而我抗日军民则无不拍手称快,全国人民受到极大鼓舞,纷纷称颂八路军的伟大战绩。

3.铸就大国神剑

1956年,聂荣臻被任命为国务院副总理,主管科学技术工作。从此,聂荣臻开始了为中国科技事业特别是国防科技事业奠基的征程。最为辉煌的是在其领导下的“两弹”工程取得重大成就。

▲1966年聂荣臻在酒泉与科学家们在一起

聂荣臻受命领导科技工作和研制“两弹”的任务以后，首先着手组建机构和科研队伍。新中国刚成立不久，百废待兴，经济基础薄弱，科技人员尤其稀缺。聂荣臻通过各种方式从高校招揽人才，在高校开设相关专业培养，吸引海外优秀人才归国，向国外派遣留学生等。到1961年，导弹研究院已经能够集聚数以百计的科学家和研究骨干，还有大中专毕业生数千人，这样一支队伍为新中国的导弹研究事业奠定了坚实的基础。

聂荣臻尊重知识，保护人才。1960年，苏联背信弃义撤走了在华的全部专家，这极大地刺激了中国知识分子的民族自尊心。导弹研究院的科技工作人员都进入到更加忘我的工作状态。可是，当时国家正处于三年经济严重困难时期，科研人员是在忍饥挨饿的情况下继续工作。聂荣臻得知消息以后，大为感动，立即组织募捐。他以个人名义向各大军区、各军兵种募捐猪肉、鱼、海带、黄豆、水果等副食品。由于聂荣臻在军队中的崇高威望使得这次募捐进行得非常顺利。这些东西以中央和军委的名义分发到科研人员手中，聂荣臻特别强调行政工作人员一律不分，分发现场气氛令人感动，许多人热泪盈眶。所有人都表示一定要研制出国防尖端武器，强军强国，为国争光。在“文革”期间，聂荣臻本人也受到冲击，但他仍以极大的勇气和担当保护科研人员，为国防科研保驾护航。

聂荣臻还亲临一线，主持科研攻关。1960年10月下旬，聂荣臻乘坐火车，远赴西北大漠深处的导弹实验基地，主持中国自己制造的第一枚近程导弹的发射实验。导弹经过10分5秒的飞行准确命中预定目标，在场所有人欢呼雀跃，聂荣臻也非常激动，向全体参试人员表示祝贺，并鼓励大家再接再厉，争取更大成绩。

1964年，聂荣臻坐镇北京指挥第一颗原子弹爆炸实验。1966年10月，亲临西北导弹实验基地主持第一枚核导弹的发射实验，实验取得圆满成功。西方人感叹道“中国已经在核技术竞赛中，超过了英国和法国，成为世界第三个原子超级大国”。1967年6月，又一次亲临实验基地主持第一颗氢弹爆炸实验。6月17日，氢弹爆炸实验取得成功。从第一颗原子弹爆炸到第一颗氢弹爆炸，中国人仅用了两年零八个月，引起了世界轰动。中国的国际地位得到极大提升。聂荣臻无不自豪地说“中国人民是有志气的，我们的科学家该有多好啊！”

此后由于“文革”，他再也没有到过实验基地，但他始终怀念国防科研事业。他死后，部分骨灰安放在导弹实验基地的烈士陵园中，他要长眠在这里，勉励后人为国防事业继续奋斗。

4.鞠躬尽瘁、死而后已

1978年，十一届三中全会后，聂荣臻重新参与军委领导工作。他为20世纪80年代的大裁军以及军队的现代化做了大量工作。在新的历史时期继续为“尊重知识、尊重人才”呐喊。1987年，聂荣臻同志从工作岗位上退下来以后，仍十分关心改革开放事业。他殷切希望祖国更加繁荣昌盛，国家早日统一。1992年，聂荣臻因病在北京逝世。时至今日，他的光辉形象仍屹立在后人心中。

课后探究

1.搜集并阅读关于聂荣臻的相关书籍，了解其为民族解放、国家富强而奋斗的众多光辉事迹。

读书笔记	
书名	
作者	
出版社	
阅读日期	
本书概况	
读后感悟	

2.你知道聂荣臻元帅与日本小姑娘美惠子之间的故事吗？请问这件事体现了中华民族的哪些传统美德？

3.搜集有关聂荣臻的历史图片，并做一个小型的展览，让参观者能更直观地感受聂荣臻元帅高尚的人品与卓越的贡献（建议按不同时期设置主题进行资料的收集与展示）。

第八章

实业救国——卢作孚

他的一生是中国近代发展的缩影，趔趄前行。

他胸怀天下以济世救民为目标，创办实业。

他深爱祖国，在中华民族的抗战史上书写了传奇。

▲ 卢作孚先生像

他出身于贫寒之家，却不甘平凡，自学成才。

他深以民族落后为耻，早年投身革命，后又走上教育救国、实业救国的道路。

他几乎是以一人之力开启了一座城市的近代化道路，人们至今受益，无不感念其功。

他创办民生公司，成为中国近代最大的民营航运企业，在抗日最危急的时候，组织撤退，为民族工业保存了抗战血脉。

他就是卢作孚，书写了平民建功立业、青史留名的传奇。

人物简介

卢作孚（1893—1952年），原名卢魁先，重庆市合川人。中国近代著名实业家，民生公司创始人。曾在国民政府、新中国交通部门担任公职。

1907年，卢作孚小学毕业后即失学，随后赴成都艰难的自学成才。1911年，参加辛亥革命。1921年，赴川南泸州任职教育科长，践行教育救国理念，因军阀混战而失败。1925年，回家乡合川创办民生公司，从此走上了实业救国的道路。1937—1945年积极参加抗战，建立殊勋。1949年，新中国成立以后，密切关注时局发展。1950年，他从香港率领民生船队回到内地，积极投入到新中国航运事业的发展中来。1952年2月8日，在重庆逝世，享年59岁。他一生都在为民族的独立、富强而奋斗，对民族工业的近代化尤其是民族航运业的近代化做出了卓越的贡献。

主要事迹

1.少年家贫、自学成才

1907年，卢作孚以优异的成绩毕业于瑞山小学，因家境贫寒无力升入中学继续学业，辍学回家帮助维持家计。不久，卢作孚做出决定，走出合川，奔赴成都自费求学。

在成都自学期间，生活清苦，他将生活费用压至最低，省出钱购买书籍与学习用品。在此期间，他开始了最初的商业尝试，将家乡特产合川桃片拿到成都出售，生意出人意料的好，极大地缓解了他的经济困境。

自学期间，卢作孚的学习能力进步尤快。仅用几个月时间即把公共图书馆馆藏的数学书籍全部通读，又努力自学英文。在学习过程中他总结出两条经验"数学要多做题，语文要多背诵"。后来又用此法教育子女。他将自己的学习心得汇编成书，后来一度成为中学的数学教材。在数学上的自学成功使他信心大增，随后开始自学古文、历史、地理、物理、化学。后来求知范围不断扩大，涉及西方资本主义各国的政治、经济、军事、文化、教育、法律等。这一过程帮助卢作孚建立了比较完整的知识体系，科学的思维方法，看问题的全局意识。为他日后创办实业奠定了知识基础，为他践行教育、实业救国理念插上了腾飞的翅膀。

2.创办实业，运输救国

1925年10月11日，卢作孚召集志同道合诸友在合川县通俗教育馆召开会议，讨论建立航运公司。受孙中山先生三民主义的影响，以富民强国为宗旨，公司故名"民生"。草创之际，资金、人力、市场多方艰难，卢作孚以其卓越的才华，高尚的人格魅力，苦心经营，使得民生公司不断发展壮大。1930年起，民生实施"化零为整"战略，整合川江华商航运企业。至1935年，长江上游的数十家华轮公司全部整合在了民生公司旗下，民生公司成为中国民营最大的航运企业，抗战前夕民生公司总资本达到700万元，拥有轮船46艘，总吨位达到2.4万吨。航线覆盖整个长江流域。为与列强竞争、抗战运输积蓄了力量。

1937年，全国抗战开始，民生就积极投入到抗战的洪流中。民生船队一面运输川军出川抗战，一面抢运沿海西撤的人员、物资。1938年11月国民政府主席林森就是乘坐民生公司“民风”号轮船抵达重庆，继续领导抗战。南京沦陷前夕，卢作孚亲临前线，奋战100余日，组织抢运。仅10月、11月就抢运各类物资6491吨。期间更是帮助中央大学内迁，为国家留下了科技种子，为中华民族保存了文脉。

▲抗战时期指挥宜昌大撤退的卢作孚

卢作孚一生中最大的亮点是成功组织了“宜昌大撤退”，此举被誉为中国实业界的“东方敦刻尔克大撤退”。1938年10月25日，武汉陷落，宜昌失去屏障，危在旦夕。从武汉撤来的物资在宜昌堆积如山，加之难民人数庞大，宜昌形势十分严峻。

卢作孚飞赴宜昌，亲自制定计划，实施短途运输办法，力挽狂澜。拟先将物资抢运进峡口，运到巫山、奉节、巴东等地。这样即可避免物资落入日军之手，又能极大地缩短运输时间。在整个宜昌大撤退中，所有军工企业的物资和其他工业设备都是由中国的轮船公司运输，而民生公司担负了其中90%的运输份额。为支持抗战，民生公司还专门降低了运输费用。

▲航行在长江激流中的民主号轮船

1938年11月，卢作孚以交通部次长的身份在重庆召集木船参加抢运，“当时川江宜渝航线上，真是千里舳舻，连帆接舶，十分壮观。”至1939年1月底，共计6万余吨的各类物资抢运完毕，滞留宜昌的数万难民全部安然入川。

一场惊天动地的抢运结束了，为中华民族继续抗战奠定了物资基础。这是一场事关民族存亡的生死搏斗！毫无疑问，卢作孚先生是一位坚强、勇敢而且睿智的斗士。凭此功绩，他就足以名垂青史，万古流芳。

3.心向内地，率船北归

卢作孚一生以强国富民为奋斗目标，军阀混战、国民党的黑暗腐败、官僚资本的蛮横垄断使他对旧社会强烈不满。1949年，国内局势发生天翻地覆的变化，新中国成立，国民党反动派的统治土崩瓦解。这一切卢作孚其实早已洞见，他采取一系列措施保全民生公司的财产免遭国民党残兵破坏。他本人更是坐镇香港亲自召集民生沿海船只以防国民党夺船。在港期间，他拒绝了国民党邀其赴台任职。

为了民生公司的发展，为了民族航运业的发展，更为了实现他强国富民的梦想，卢作孚先生于1950年6月7日在中共驻港人员的帮助下秘密返回大陆，受到党和国家的热烈欢迎，毛主席亲自设宴宴请。卢作孚作为政协特邀代表参加了全国政协第一届第二次会议。此后经过一年多的努力，在卢作孚亲自指挥下，民生公司在港船只共有18艘返回大陆，这批船只在当时估价达2000万美元之巨，为祖国的经济建设做出了巨大贡献。与此同时，鉴于历史经验与时代需要，卢作孚主动提出将民生公司进行“公私合营”的改造，使民生公司迎来了新的历史发展机遇。

课后探究

1.卢作孚先生在重庆主要寓居于北碚,他为北碚的发展做出了重大贡献。请同学们前往北碚实地考察,寻访卢作孚与北碚发展有关的历史遗迹。可参照下表提示。

项目	历史遗存	感 悟
文化教育		
市政建设		
……		

2.卢作孚先生的高尚人品被广为传颂,请同学们阅读相关书籍加以归纳总结,激励自己的人生成长。

读书笔记	
书名	
作者	
出版社	
阅读日期	
本书概况	
读后感悟	

3.在推进中国近代化的历程中，除卢作孚之外，还有众多的实业家也为之做出了重大贡献。请查阅相关资料，找一找近代以来重庆还有哪些重要的实业家，并把相关信息填入下表。

领域	人物姓名	主要企业	主要贡献
银行业			
交通运输业			
面粉业			
纺织业			
印刷业			
火柴业			
其他			

第九章

烈火永生——邱少云

▲邱少云画像

雄赳赳，气昂昂，跨过鸭绿江。
保和平，卫祖国，就是保家乡。
中国好儿女，齐心团结紧。
抗美援朝，打败美帝野心狼！

1950年10月，中国人民志愿军高唱着这首战歌，跨过鸭绿江，奔赴朝鲜战场。他们为了抗美援朝，保家卫国，与朝鲜军民并肩作战，在与敌人浴血奋战中涌现出无数可歌可泣的战斗英雄。为整体、为胜利而自我牺牲的伟大战士邱少云同志就是他们中的代表。

人物生平

1.悲惨童年

邱少云，1926年出生于重庆市铜梁县少云镇（原四川省铜梁县关建乡）玉屏村邱家沟的一个贫苦农民家庭。9岁时，靠拉纤为生的父亲被船老板害死。11岁时，他母亲因贫病交加死在床头。14岁时，他开始了雇工生活，在财主家当长工，在面馆做小工，有时甚至靠讨饭度日，受尽了欺凌和白眼。童年的苦难和艰辛造就了邱少云坚忍顽强，绝不向恶势力低头的精神。

2.光荣参军

1949年12月，中国人民解放军挥师入川，进军大西南。23岁的邱少云千方百计地找到解放军队伍，参加了中国人民解放军。1951年3月，邱少云参加中国人民志愿军，怀着满腔热血，赴朝作战。

烈火永生

朝鲜战场上有无数个高地，没人愿意费神给它们起名字，只是为了便于称呼，根据山的高度，用数字代表。对于战争双方来讲，这些高地常常是他们争夺最激烈的地方，每天或许有成百上千的战士牺牲在那里，看似不经意的数字背后往往是一个惊心动魄的高地攻防战。

1952年10月，邱少云所在部队接受了一项光荣而艰巨的任务：进攻“391”高地！

“391”高地处于平康和金华两地之间，地势险要，易守难攻，美军派遣了一个加强连，带着先进的装备驻守在那里。而且，我军阵地到“391”高地之间，有着3000米宽的开阔地，这是敌人的炮火封锁区。要在这样长距离的炮火下发起冲击，是件非常不容易的事情！

经过反复侦察，部队首长做出战略部署：为了缩短冲击距离，出奇制胜，打得敌人措手不及，我军决定在发起总攻击前一天的夜里，派500名战士潜伏在敌人阵地的前沿。

1952年10月11日晚，潜伏部队向“391”高地进发。一路上，邱少云心潮澎湃，他想起了自己在入党申请书上的钢铁誓言：宁愿自己牺牲，决不暴露目标，为了整体，为了胜利，为了中朝人民和全人类的解放事业，愿献出自己的一切！

深夜，潜伏部队到达目的地。按预定计划隐蔽潜入到“391”高地附近一片蒿草丛生的地里。每个人从头到脚插上了蒿草，风一吹，人身上的草和地上的草同时摇动，看不出一点儿伪装的痕迹。邱少云潜伏在“391”高地东边距离山脚只有六十米的一条杂草丛生的土坎边。

翌日，天刚蒙蒙亮，战士们首先看到的就是“391”高地上那一层层的铁丝网和一簇簇的地堡群。一挺挺机枪从地堡的射口直对着山下，持枪的敌人在山脊上的交通壕里来回走动，还不时地用望远镜朝山下张望。

十点多钟的时候，敌人派出一个班下高地进行搜索。

潜伏区骤然紧张起来。敌人边搜索边扫射，中弹的战士捂住伤口，一声不吭！猛然，敌人踩着了我军的潜伏战士，吓得倒退两步，扭头就往回跑！敌人若是跑回去，潜伏区的五百战士将全部牺牲，潜伏和反击都将前功尽弃！

幸好，这一切情况，观察所里的团指挥员看得非常清楚。指挥员立刻下达命令：用炮火消灭这股敌人！顿时，炮声隆隆，“391”高地山坡上，筑起了一道火墙，截断了敌人的逃跑，一个班的敌人全部被歼灭在山腰中。邱少云看到这个情景，激动地瞧瞧两旁的战友，表达了内心的喜悦。

山上的敌人害怕了，既不敢在阵地上露脸，也不敢再派兵出碉堡搜索。

但是，敌人对这三千米开阔地还是不放心。半个小时后，敌人派了一架侦察机到潜伏区上空盘旋，跟着又派出四架轰炸机抵达潜伏区上空。忽然，敌机投下了燃烧弹。有一颗燃烧弹落在离邱少云两米远的草地上，飞迸的燃烧液溅到邱少云的左腿上，眨眼工夫，插在他脚上的蒿草烧着了，火苗腾地窜起！

这个时候，邱少云只要翻动一下身子，就可以把火苗扑灭，但是这样做会暴露目标啊！邱少云想到要更好地打击敌人，想到整个战斗的胜利，他咬紧牙关，坚定地伏在草丛中。

▲《邱少云》（油画）

火苗趁着风势,连成一团烈火,把邱少云包围了。烈火呼呼地燃烧,邱少云的棉军衣在烈火中烧成了灰片,邱少云的脸上滚动着豆粒大的汗珠。

邱少云后面有条水沟,只要他后退几步,在泥水里打几个滚,也可以把火扑灭。可是火苗一移动,敌人就会发现。为了革命胜利,邱少云就像一块千斤巨石,伏在那里,纹丝不动,烈火在他身上继续燃烧着。

同志们眼看着烈火在吞噬着自己的战友,急得咬破了嘴唇,几次想站起来,帮助邱少云扑灭身上的烈火。可是邱少云和战友们深深懂得,在这个节骨眼上,只要有人动一下,整个班、整个潜伏部队、整个反击计划就全完了,想要取得的胜利就会丢失。邱少云和他的战友们,牢记着部队首长的嘱咐:“在任何情况下都不能暴露目标。”他们怀着对敌人的刻骨仇恨,强压着满腔怒火,等待着战斗时刻的到来。

烈火依然在熊熊燃烧。火舌呼呼地卷着草地,窜向邱少云的脸。

从潜伏开始,邱少云就把爆破筒压在身下,防止雷管遇火爆炸。现在,他还是紧紧压在身下,死死压在身下。不管烈火把他烧到什么程度,他都要保证能够完成潜伏后的爆破任务。

从潜伏开始,邱少云就紧握冲锋枪,现在依然紧握。冲锋枪已被烈火烧得滚烫,他依然紧握。不管烈火把他烧到什么程度,他都要随时准备战斗。

烈火更加凶猛,邱少云昂着头,咬紧牙关、睁着双眼,跟万箭钻心的疼痛拼死抗争,不管疼痛如何猛烈,依然保持随时跃起冲锋的姿态!

突然,邱少云的眼神凝固了……

▲《邱少云》雕塑

烈火在邱少云身上一直烧了半个多小时才渐渐熄灭。这位伟大的战士，一直到牺牲的最后一刻，都没有发出一声呻吟，他在烈火中纹丝不动的英雄形象如同雕塑一样永远刻在了队友们的心上。

下午五点三十分，中国人民志愿军向“391”高地发起总攻！同志们怀着满腔复仇的怒火，以排山倒海之势向敌人扑去，他们都在呐喊：“为邱少云同志报仇！”

三十分钟过后，两颗红色信号弹腾空而起，敌人的一个加强连全部被歼灭，“391”高地上飘扬着我军胜利的红旗。

精神永存

1953年6月1日，中国人民志愿军总部批准授予邱少云同志“特等功臣”“一级战斗英雄”称号。

1953年6月25日，朝鲜民主主义人民共和国最高人民议会常务委员会授予邱少云同志“朝鲜民主主义人民共和国英雄”称号，同时授予金星勋章、一级国旗勋章，并将邱少云的名字刻在金化西面的“391”高地石壁上：“为整体、为胜利而牺牲的伟大战士邱少云同志永垂不朽！”

▲邱少云使用过的冲锋枪和他牺牲时穿过的棉衣残片

2009年9月14日，邱少云烈士被评为100位新中国成立以来感动中国人物之一。在电视纪录片《感动中国——共和国100人物志》里对邱少云烈士的解说词这样写道：

邱少云——最坚忍的潜伏

这是存放在中国人民革命军事博物馆展厅中的一支普通的钢枪。它的枪托已被烧成了炭黑色，但枪身却依然完整。而这巴掌大小的军衣残片，曾经紧贴过烈士最后的心跳。

烈火虽然吞噬了一个年轻的生命，却在中国军史上留下了一个伟大的名字——邱少云。

在半个多世纪前的朝鲜战场上，这位战士用最坚忍的潜伏，完成了中国士兵最勇猛的突击。

邱少云同志那种高度的组织纪律性，那种坚忍顽强的革命意志，那种高度的自我牺牲精神，永远值得我们学习！

课后探究

1.缅怀先烈，祭奠英雄，铭记历史，纪念先烈，是民族精神的延续，更是后来者的历史责任。请同学们利用课余时间登录人民网“革命先辈网上纪念馆”，为邱少云烈士留言祭奠。

2.走进纪念馆，感受英雄情。邱少云烈士纪念馆位于重庆市铜梁区巴川镇少云公园内。同学们可利用假期前往铜梁参观纪念馆，更加深入地了解邱少云烈士的英雄事迹。

3.寻找“最可爱的人”。中国人民志愿军在抗美援朝战争中，发扬了高度的爱国主义和革命英雄主义精神，英勇顽强，舍生忘死，被誉为“最可爱的人”。除了邱少云烈士之外，还有很多可歌可泣的英雄人物。请同学们利用多种方式查阅资料，了解更多“最可爱的人”的英雄事迹吧！

友情提示：查阅资料的方式可以多样化，如观看老电影《上甘岭》《英雄儿女》等，阅读书籍，参观博物馆等。详细了解某一英雄人物后可按以下方式做相关记录。

“最可爱的人”	邱少云
查阅资料的方式	阅读《巴渝文化探究》《邱少云传》等书籍
英雄事迹（概括）	1952年10月，我军发起了夺取“391”高地的战斗。邱少云所在的排，奉命于晚上潜伏在距离敌人只有60米的山脚下，准备配合第二天晚上大部队的进攻。不料，敌人的炮火燃起烈火，烧到了邱少云的身上。为了保证战斗取得胜利和潜伏部队的安全，邱少云始终严守纪律，纹丝不动，直至被烈火吞噬，壮烈牺牲。
值得我们学习的精神	严守纪律，舍小己顾大局的自我牺牲精神……
我的感悟	

第十篇

老成谋国——杨尚昆

1907年,他出生在潼南的偏僻乡村,这一年清王朝摇摇欲坠。

1926年,他远赴莫斯科学习马克思主义,这一年国民革命如火如荼。

1937年,他奔赴华北前线担任中共中央北方局副书记,这一年中华民族到了生死存亡的时刻。

1949年,他任职中共中央办公厅主任,兢兢业业、宵衣旰食,这一年新中国百废待兴。

1966年,他受到“文革”冲击被监禁长达12年之久,这一年国家疲弊,多事之秋。

1978年,他身负重任南下治粤,为改革开放之路身先士卒,这一年南粤大地春潮涌动。

1988年,他担任中华人民共和国国家主席,为新时期的到来承前启后,这一年共和国稳健前行。

他就是——杨尚昆。他是伟大的无产阶级革命家,将自己的一生融入到了中国革命事业之中;他是伟大的无产阶级政治家,在共和国的社会主义探索之路上披荆斩棘;他是伟大的无产阶级军事家,为了建立新中国南征北战,戎马一生。

人物简介

杨尚昆(1907—1998年),1907年生于重庆潼南县。从青年时代起,杨尚昆就投身于反帝反封建的革命斗争。1926年初由共青团员转为中国共产党党员。从此，他把自己的一生献给为共产主义奋斗的壮丽事业。1926年11月，他到莫斯科中山大学学习。1931年初，从苏联回国后，他相继担任中华全国总工会宣传部长和中共中央宣传部长等职，参与领导工人运动和抗日救亡运动。1933年初，先后任中央苏区中央局宣传干事和马克思共产主义大学副校长等职。6月，任红军第一方面军政治部主任。1934年1月，接任红三军团政治委员。1934年10月，杨尚昆和彭德怀率领红三军团长征。1935年8月，调任红军总政治部副主任。1937年8月和11月，杨尚昆先后任中共中央北方局副书记、书记。1945年，任中共中央军委秘书长兼中央外事工作组副组长。以后，担任中共中央办公厅主任。1947年4月，任中央后方委员会副书记。1948年4月，他又担任中共中央副秘书长等职。

▲杨尚昆故居

中华人民共和国成立后，杨尚昆继续担任中共中央副秘书长、中央办公厅主任，兼任中央军委秘书长、中直机关党委书记。1956年9月，在党的第八次全国代表大会和八届一中全会上，分别当选为中央委员、中央书记处候补书记。1978年12月至1980年底，杨尚昆相继担任中共广东省委第二书记、副省长，中共广州市委第一书记、革命委员会主任，兼任广东省军区第一政委、党委第一书记。1979年9月，杨尚昆被补选为中共第十一届中央委员。1980年9月，被补选为全国人大常委会副委员长兼秘书长。1981年7月,他任中央军委常委兼秘书长,第二年9月,任中央军委常务副主席兼秘书长。

在1982年和1987年召开的中共第十二次、第十三次全国代表大会上,杨尚昆当选为中共中央委员,在十二届一中全会上当选为中央政治局委员,继任中央军委常务副主席兼秘书长。1988年4月,在第七届全国人大第一次会议上,杨尚昆当选为中华人民共和国主席。1989年11月,担任中央军委第一副主席。

“云水襟怀,松柏气节”,是杨尚昆一生的真实写照。

传奇生涯

1.寻求真理

1907年8月3日,在中国潼南的古老乡镇上,一户姓杨的人家诞生了一个男孩,取名尚昆,因为在家排行第五,所以这个男孩取号为诚五。他就是后来担任中华人民共和国国家主席的杨尚昆。

在杨氏家谱中,最早可寻的是东汉太尉杨震,后世称其为“清白吏”。杨家因为祖上杨震清白事迹,所以历代以秉承清白传家的传统为荣,而这一切深深影响着幼年的杨尚昆。杨氏家族重视子女的教育,家中就设有私塾。杨尚昆尚在幼年时期,他的哥哥姐姐们就在进步思想的影响下,陆续走上了救国救民的道路。

旧时的中国,内忧外患。马克思主义的传播和中国共产党的建立,使得中国的革命面貌焕然一新。杨尚昆的六位哥哥姐姐都在救国道路中选择了中国共产党,其中对杨尚昆影响最深的就是他的四哥杨闇公。杨闇公是杨尚昆同父异母的兄长,中国共产主义先驱战士,在他的引导下,杨尚昆在成都高等师范学习,并开始参加读书会接触马克思主义学说。1925年,杨尚昆毕业来到重庆并于第二年加入中国共产党,革命思想进一步成熟。

1926年5月,在哥哥杨闇公的鼓励下,杨尚昆从重庆朝天门码头出发,前往上海大学读书求学。这一别,兄弟俩从此天人两隔,竟成永诀。一年后,四川风云突变,杨闇公在重庆佛图关被四川军阀戕害。在无限的悲痛中,杨尚昆一面学习,一面从事党的地下工作。不久之后,带着对真理的渴求,杨尚昆前往莫斯科学习马克思主义,寻找解决中国积贫积弱的良方。在此期间,他系统地学习了马克思列宁主义,结识了周恩来、刘少奇、王若飞等党的主要干部,亲眼见证了苏联社会主义建设成就。这时的杨尚昆已经找到了真理，找到了自己能够为之奋斗终生的共产主义事业。

2.战火洗礼

1933年，杨尚昆来到中央苏区瑞金，当时的瑞金是红色国都，是中央革命根据地的中心，中华苏维埃共和国临时政府的所在地。在此期间他任中共中央局宣传干事，中央局党校副校长等职。1934年，任红三军团政治委员，并与彭德怀一起，在中央苏区第五次反“围剿”中，先后指挥所部取得了攻克沙县和高虎脑等防御作战的胜利，由此杨尚昆开始了长达十余年战火洗礼的崎岖征程。同年，红军第五次反“围剿”失败，中央红军被迫战略转移，杨尚昆随同彭德怀率领的红三军团作为先遣队率先开始漫漫长征之路。

1935年，中共中央政治局扩大会议在遵义召开，即遵义会议。杨尚昆参与了此次会议，见证了他所忠于的中国共产党由幼稚走向成熟。这是中国共产党生死攸关的转折点，也是当时包括杨尚昆在内的每个中国共产党党员的重大转折点。会后，中国共产党在以毛泽东为代表的正确路线指导下，取得了一个接一个的胜利。杨尚昆与彭德怀率部先后攻占娄山关，两克遵义城，取得红一方面军长征中第一个大胜利。

1937年，日本开始全面侵华战争，在此危急存亡之际。杨尚昆出任中共中央北方局书记，领导华北敌后抗日根据地的斗争。抗日战争时期，杨尚昆高举抗日大旗，牢记统战方针，团结和争取各方面的力量，为抗日武装的壮大、抗日战争的胜利做出了杰出的贡献，为民族的解放立下了不朽的功勋。在统战工作中，杨尚昆也积极探索并创造出成功经验，形成了具有自己特色的统战思想，至今仍有一定的现实指导意义。

此时经历风雨征程考验的杨尚昆已从涪江之滨的少年，成长为陕北高原立马疆场的红军指战员。

3.中南海的“红色管家”

1949年10月1号，中华人民共和国建立，开始了新的纪元。中国人民鼓足干劲，热情似火地开始建设新中国。此时，杨尚昆同志担任了中共中央办公厅主任这一十分重要的职务，在中共中央办公厅任职的他开始为新中国贡献自己的力量。

中共中央办公厅属于党和国家的中枢机构，这一岗位所承担的基本工作就是上承下达，其具体事务包括上至中央常委开会会场的布置与记录、文书草拟和下发；下至中南海车队的调度、食堂等工作的安排，以及房屋修缮租赁、花草栽培。大到国家大事，小到领导人的生活起居，杨尚昆都一一过问，毫不马虎。所以他又被称为中南海里的“红色管家”。

20世纪50年代到60年代，在这十多年的时间里，杨尚昆凭借自己非凡的组织能力，随时都能将一大堆繁杂事务处理得井井有条。从1955年开始，中央就决定由他指导中央调查部的日常工作，他几乎每隔两三天就要听取中调部常务副部长孔原同志等的汇报，十余年从未间断。

1965年，当时的新编历史剧《海瑞罢官》被姚文元炮轰批判。山雨欲来风满楼，“文化大革命”已经悄然来临了。杨尚昆被污蔑成为“彭罗陆杨反党集团”的主要成员，这一莫须有的罪名使得杨开始了长达12年的监禁生活。

“穷且益坚，不坠青云之志”，被迫害的杨尚昆并未丧失信心，仍然满怀革命斗志，始终关注党和社会主义建设事业的前途与命运，如同他在日记中所写“今天开始变了，一切只能等时间!”

4.主政南粤

1976年，“四人帮”倒台，“文化大革命”结束。1978年，中国共产党第十一届三中全会在北京胜利召开，随着的党中央开始执行拨乱反正的政策，杨尚昆也得到了彻底的平反，恢复了应有的名誉和工作。

经过12年的沉寂与打压，此时的杨尚昆已经是年逾古稀的老人了。本该含饴弄孙，颐养天年，但他在接到中央新的任命后，便立即奔赴广东，开始为改革开放开辟前沿阵地，一路披荆斩棘，成为广东改革开放的“先行官”。

杨尚昆在广东主政两年。在其任职期间，他始终坚持解放思想、实事求是的方针，将广东作为改革开放的前沿阵地，勇字当头，为突破计划经济体制桎梏，“杀出一条血路”。他锐意进取，清除弊政，解决了大量影响广东地区发展的历史遗留问题；注重地方干部培养，为广东发展建设骨干力量；将四个现代化作为发展标杆，倡导农业现代化，在农业生产上进行技术革新；推进国有企业改革，扩大企业自主权。

杨尚昆秉承“苟利国家生死以，岂因祸福避趋之”的理念，不畏万难，宵衣旰食探索改革之路，推动试办经济特区，竭力支持特区经济发展，在旧经济体制的冰床上深挖狠凿，“破冰”前行。他将广东打造成中国改革开放的南大门，为改革开放初期广东对外开放格局的初步形成打下坚实基础。

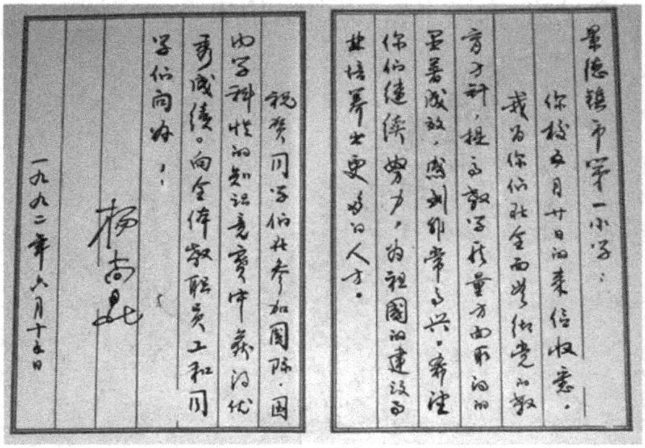

景德镇市第一小学：

你校五月廿日的来信收悉。

我为你们在全面贯彻党的教育方针，提高教学质量方面取得的显著成效，感到非常高兴。希望你们继续努力，为祖国的建设多培养出更多的人才。

祝贺同学们在参加国际、国内学科性的知识竞赛中获得优秀成绩。向全体教职员工和同学们问好！

杨尚昆

一九九二年六月十五日

▲杨尚昆题词

5.老骥伏枥

1988年，在七届人大一次会议上，杨尚昆这位中国共产党的老革命家，中国第二代领导集体的核心成员，众望所归的当选了中华人民共和国主席。此时已经年届81岁的杨尚昆同志，再次挑起国务重担，用实际行动践行着自己为人民服务的不变诺言。

杨尚昆担任国家主席期间，积极履行主席职能，尤其是在外事领域。在任期间，他不仅出访欧美等主要国家，为中国和西方主要国家发展稳定做出了巨大的贡献，还同邻国发展睦邻友好的双边关系，为国内发展，创造稳定环境做了大量的工作。杨尚昆在担任中华人民共和国国家主席期间，先后出访了近20个国家与地区，会见来访的70位国家元首，135位政府官员和贵宾。20世纪80年代末，国际格局出现重大变化，一些西方大国居心叵测，利用社会主义运动的低潮，对中国实行外交孤立甚至封锁。面对严峻的外交环境和棘手的外交问题，杨尚昆不顾年事已高，多次带领中国代表团出访第三世界国家，推动中国与世界的交往，利用新思路打开中国外交新局面，增进了中国同世界的友谊，为改革开放时期的中国外交做出了极为突出的贡献。

杨尚昆担任共和国主席期间，十分重视民主法治建设。他在担任国家主席的5年时间里，签署与发布了72号主席令，颁布了十几部法律，这些法律的实行对于推动中国现代化建设，加强中国的民主与法制建设发挥了不可磨灭的作用。

1998年9月14日，杨尚昆因病在北京逝世，享年92岁。

杨尚昆，以其沉稳厚重的性格，为共和国的改革大业迈出稳健一步，为中华民族的伟大复兴吹响号角，人民不会忘记他，历史不会忘记他。

▲杨尚昆陵园

课后探究

1.杨尚昆同志一生忠于革命，忠于中国共产党，在1933年，他参加了艰苦卓绝的长征。请查阅相关资料，在下图中大致画出他的长征路线，标注重要地点，感悟老一辈无产阶级革命家的坚定革命意志。

中国地图

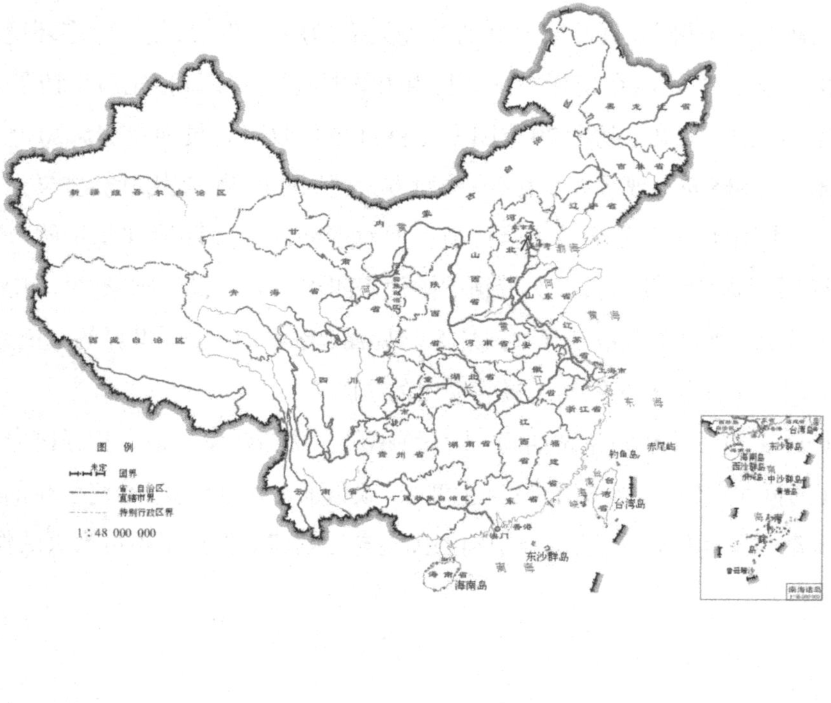

2.杨尚昆家族秉承清白传家的传统。在中国近代史上，潼南杨氏家族为民族解放，国家富强，前赴后继，因此后人赞誉："杨氏家族，满门忠烈"。请同学查阅相关资料，归纳总结杨尚昆及其家族的主要革命事迹。

3.中央电视台节目于2007年拍摄了8集历史文献纪录片《杨尚昆》，生动讲述了一代伟人的革命事迹。请同学们在网上观看，并完成下列表格。

《杨尚昆》	
观看日期	
观看集数	
剧情梗概	
观后感悟	

第二篇

文学艺术

第一章

神秘浪漫——远古神话

巴山渝水，秀险奇丽。在迷人的自然风光背后，却是古老巴族难以开垦土地，不能轻易和外界交流，生产和文化都比较落后闭塞的现实。面对生老病死、刮风下雨等现象，他们是怎样去思考和解释的呢？巴渝的先民从何而来，这片土地还有什么神秘之处呢?走，我们一起到远古神话中去寻找答案吧！

看一看

▲《山海经》

▲《华阳国志》

▲《后汉书》

迄今为止我们了解到的巴渝远古神话，最早来源于《山海经》和《华阳国志》。《山海经》是中国先秦重要古籍，也是一部富有神话传说的古老奇书。传世版本共计18卷，包括《山经》5卷，《海经》13卷，保存了包括夸父逐日、女娲补天、精卫填海、大禹治水等相关内容在内的远古神话传说。《华阳国志》又名《华阳国记》，被誉为中国地方志的鼻祖。由东晋常璩(qú)撰写，是一部专门记述古代中国西南地区历史、地理、人物等的地方志著作。此外，在南朝历史学家范晔编撰的《后汉书》中，对巴人起源的传说也有所记载。

读一读

1.巴人来源和图腾崇拜

《山海经·海内经》："西南有巴国，太暤生咸鸟，咸鸟生乘厘，乘厘生后照，后照是始为巴人。"《山海经·大荒北经》："西南有巴国，有黑蛇。青首，食象。"

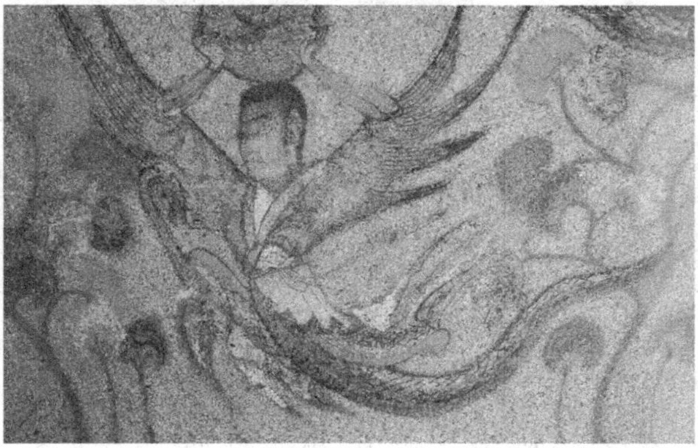

▲壁画中的伏羲氏

从《山海经·海内经》中的记录我们可以推断，巴人的先祖是太暤（hào），太暤即伏羲氏。伏羲氏和我们想象中的样子非常不一样，他人首蛇身，非常奇怪。为什么巴人的祖先会以这样的外形展示于人呢？其中一种解释认为蛇是巴人的图腾。巴渝之地丛林众多，气候温润，非常适合蛇的生存和繁殖。蛇中有大量毒蛇，古巴人被毒蛇咬伤致命的概率非常高，对于他们来说，蛇是力量的象征。他们崇拜蛇，以人蛇结合来显示祖先的威仪。

▲民间供奉的廪（lǐn）君石像

《后汉书》："廪君死，魂魄世为白虎。巴氏以虎饮人血，遂以人祠焉。"《蛮书》说："巴氏祭其祖，击鼓而祭，白虎之后也。"

从汉代到现在，巴渝儿女对白虎的崇拜一直在沿袭。今天民间还有为幼儿制作虎头鞋的传统，寄托着长辈们希望白虎保护幼儿的美好愿望。对白虎的崇拜，源于对自然的认知和对首领的感激。廪君是巴人原始社会最早的部族首领，廪君率领部落成员乘土船沿河而行，行至盐阳，杀死盐水神女，定居下来。人民安居乐业，廪君深受大家的爱戴。后来廪君逝世，他的灵魂化为白虎升天，暗暗保护部落成员。廪君逝世后的灵魂为什么会化为白虎升天呢？在巴渝先祖看来，白虎是一种凶猛、团结的动物，这与巴渝地区人民尚武、凝聚力强的集体精神一致。尚武与崇虎成为密不可分的两部分。

2.巫文化与巫山的来源

▲巫山一角

▲巫文化

《山海经·大荒西经》："大荒之中有山，名曰丰沮玉门，日月所入。有灵山，巫咸、巫即、巫朌、巫彭、巫姑、巫真、巫礼、巫抵、巫谢、巫罗十巫，从此升降，百药爰在。"《山海经·大荒南经》："有巫山者，西有黄鸟。帝药，八斋。黄鸟于巫山，司此玄蛇。"

据《山海经》记载，巴国有座灵山，住着巫咸、巫即、巫朌、巫彭、巫姑、巫真、巫礼、巫抵、巫谢、巫罗等十个巫师，他们通过灵山将民间的愿望传达给上天，又将神的旨意传达给人民。在灵山上，生长着各种各样的仙药，天帝的"不死药"就藏在灵山的八个斋舍中。巫师们可以用筮（一种草）占卜，知晓天命；会用各种仙药为人们治病。巫咸是用筮占卜的创始人，帮助黄帝屡建功勋，舜帝为表其忠心，在巫咸死后，将灵山封为巫山。这里，也成了神秘的巫文化发源地。

3.大禹治水与神女峰

《华阳国志·巴志》："禹娶于涂山，辛壬癸甲而去。生子启，呱呱啼，不及视。三过其门而不入室，务在救时。今江州涂山是也，帝禹之庙铭存焉。"《太平御览》："云华夫人，王母第二十三女，太真王夫人之妹也。名瑶姬，受徊风混合万景炼神飞化之道。尝东海游还，过江上，有巫山焉，峰岩挺拔，林壑幽丽，巨石如坛，留连久之。时大禹理水，驻山下。大风卒至，崖振谷陨，不可制。因与夫人相值，拜而求助。即敕侍女，授禹策召鬼神之书，因命其神狂章、虞余、黄魔、大翳、庚辰、童律等，助禹斫石疏波，决塞导厄，以循其流。禹拜而谢焉。禹尝诣之，崇巘之巅，顾盼之际，化而为石。”

相传大禹是北川人，父亲鲧治水无效，他奉命接替父亲继续治水。从家乡出发，他一路顺江而下，来到了重庆。遇到了涂山氏，两人相爱并结婚。婚后第4天，大禹和妻子告别，继续治水。在治水的13年中，三过家门而不入。即使儿子启出生后，他都来不及回家。来到三峡治理长江时，他遇到了难题。一天，导引水路的群龙中有一条龙弄错了，结果民夫们开凿出一道完全没有用的峡谷。禹非常生气，就把这条糊涂的龙锁在山崖的高台上斩了，让其他龙引以为戒。禹正准备在巫山脚下重新开工，忽然狂风大作，吹得山崖振动，乱石飞落，大家不知道如何是好。碰巧，王母娘娘的幼女瑶姬正在此地游玩。她让众神帮助大禹治水，大禹治水成功。世人为纪念大禹，特建立“禹王宫”祭祀。有感于大禹治水，瑶姬和她的侍女们则化成了12座山峰，她自己化作神女峰，守护着巴渝大地。

▲禹王宫

▲神女峰

远古神话遍布巴渝的每一个角落，它用最质朴的文学艺术形式描述着巴渝的历史地理、风土人情，向我们展示着巴渝先民的神秘浪漫，营造出特色鲜明的巴渝文化源头。

课后探究

1.巫文化在巴渝民间的民风民俗中有许许多多表现形式。请开展一个有关巫文化的调查。

关于身边的巫文化调查报告	
调查时间	
调查地点	
调查方法	
调查人	
报告正文	

2.请和班上的小伙伴们，编排课本剧《大禹治水》。（可以参考如下编排剧情："第一幕：洪水来了""第二幕：夫妻离别""第三幕：在外治水""第四幕：治水归来"）

3.远古神话是历史的写实吗？它们真实可信吗？如何评价它们的艺术性呢？或者它们是历史、事实、艺术的结合吗？我们应该怎样评价和看待这些远古神话呢？

第二章

气壮山河——巴渝舞

舞蹈的起源早于其他艺术门类，最能代表时代精神和地域特色。巴渝舞又被称为武舞，是一种集体舞蹈。它以坚毅果敢著称，威武雄壮、气壮山河，表现了鲜明的地方特色文化。在巴山蜀水的沁润下，巴渝舞沉淀到文学作品中，传播到了中华大地。巴渝舞为什么会形成这样独特的风格？巴渝舞是用在什么特定场所的吗？它的发展怎样？让我们带着这些问题，一起翻开古老的画卷，去看看巴渝舞的前世今生吧！

看一看

▲《说文解字》

▲《汉书》

▲《新唐书》

巴渝舞的起源、特点、发展可以从《说文解字》，颜师古注《汉书·西域传》《新唐书·礼乐制》等书里找到答案。《说文解字》的作者是东汉的经学家、文字学家许慎。这部书由“文字”和“说解”两部分组成，以小篆为载体，用简单明了的语言来解释字义，是我们了解文字渊源的重要著作。《汉书》是中国第一部纪传体断代史，由东汉历史学家班固编撰，到了唐朝，颜师古为《汉书》做了注释，成为研究中国历史的珍贵资料。《新唐书》是北宋时期宋祁、欧阳修、范镇、吕夏卿等合撰的一部记载唐朝历史的纪传体断代史书，是“二十四史”之一。全书内容完备，领域广泛，用纪、表、志、传四种方式展现了历史的全貌。

读一读

《说文解字》：“巫，祝也，女能事无形，以舞降神者。”

巫师是用舞蹈来进行人神之间的沟通的，巫师能通过舞蹈使神灵降临，连接天地。现代流行于世界各地少数民族中的萨满教，把巫师称为萨满，其原意就是因兴奋而狂舞的人。在对巴渝文化中的巫文化进行研究后，学者们认为巫山是巴渝巫文化的发源地。巫师为了连接天地而进行的舞蹈，就是巴渝舞最早的来源。

《华阳国志》：“周武王伐纣，实得巴、蜀之师，著乎《尚书》。巴师勇锐，歌舞以凌殷人，倒戈，故世称之曰：‘武王伐纣，前歌后舞’。”

这是周朝初期对巴渝舞的记载。周武王讨伐商纣王的时候，用了巴地和蜀地的巫师一同作战。巴地巫师十分勇猛，他们唱着歌跳着舞击打着鼓舞士气的乐器虎钮錞于（见下图：虎钮錞于）。盛气之下，商朝部队的士气土崩瓦解，他们或者阵前倒戈，或者在战斗中望风而遁。经过历史学家考证，“前歌后舞”就是一种起恫吓作用的远古图腾巫术舞蹈，在《汉书》《后汉书》等史籍上也有相关描述。

▲虎钮錞于，现藏于重庆三峡博物馆

《后汉书·南蛮西南夷列传》云：“阆中有渝水，其人多居水左右。天性劲勇，初为汉前锋，数陷阵。俗喜歌舞，高祖观之，曰：此武王伐纣之歌也。乃命乐人习之，所谓‘巴渝舞’也。”

颜师古注《汉书·西域传》：“巴俞之人，所谓賨（cóng）人也，劲锐善舞，本从高祖定三秦有功，高祖喜观其舞，因令乐人习之，故有巴俞之乐漫衍者。”

汉高祖刘邦十分欣赏雄健刚劲的巴人舞蹈，还专门要求乐工进行学习，并将它命名为“巴渝舞”。巴渝舞成为宫廷舞蹈的一种，因为巴渝舞激越、刚猛，常常用来为外宾表演，起到震慑心理的效果。到西汉时，巴渝舞甚至进入了贵族豪门之家。

▲汉代画像砖上的巴渝舞图

《文献通考·乐考》：“唐高祖即位，仍隋制设九部乐：《燕乐伎》，乐工舞人无变者。《清商伎》者，隋《清乐》也。有编钟、编磬、独弦琴、击琴、瑟、奏琵琶、卧箜篌、筑、筝、节鼓，皆一……笙、笛、箫、篪、方响、跋膝，皆二；歌二人，吹叶一人，舞者四人，并习《巴渝舞》。”

到了唐朝，巴渝舞依然是宫廷舞蹈，有专人进行表演，并且用到了多种乐器，例如编钟、编磬、节鼓等，从侧面反映出其激昂的特色。在民间，巴渝舞也非常流行，常常在文学作品和民间作品中出现。例如唐代诗人韩翃笔下的巴渝舞，表现出万民欢庆豪吏除尽的欢愉，打破了送别良吏的愁绪，全诗借巴渝舞表现出了巴人的豪迈与直率。

《送巴州杨使君》

[唐]韩翃

白云县北千山口，青岁欲开残雪后。
前驱锦带鱼皮鞮，侧佩金璋虎头绶。
南郑侯家醉落晖，东关陌上著鞭归。
愁看野马随官骑，笑取秦人带客旗。
使者下车忧疾苦，豪吏销声出公府。
万里歌钟相庆时，巴童声节渝儿舞。

巴渝舞在唐以后经久流传，并不断变化发展，在巴渝地区衍生出多种风格各异的舞蹈。土家族地区流行的摆手舞、傩舞等都是由巴渝舞演变而来，它们和巴渝舞一起，成为巴渝大地上的一笔财富。

课后探究

1.中国四大名著之一《三国演义》中描写了《巴渝舞》片段。请大家回去查阅资料,填写下表:

巴渝舞与《三国演义》的不解之缘	
章节	
摘抄原著	
舞蹈特色	

2.现在的校园舞台和现实社会中,我们已经看不到巴渝舞的身影,作为巴渝儿女,我们应该怎样去传承这门艺术呢?请大家思考后写一份倡议书吧!

传播以巴渝舞为代表的巴渝传统艺术倡议书
姓名:
时间:

第三章

雄奇飘逸——巴渝诗

重庆古为巴国地域，嘉陵江古称“渝水”，在巴山渝水这片广袤的大地上，这里的人民创造了灿烂辉煌的巴渝文化，尤为引人瞩目的便是千古传唱的巴渝诗歌。

与其他地区的文明一样，巴渝土地上最早的文学形式也是诗歌。《华阳国志·巴志》记述古“賨(cóng)人”住地物产和民风的诗云：“川崖惟平，其稼多黍，旨酒嘉谷，可以养父；野惟阜丘，彼稷多有，嘉谷旨酒，可以养母。”从这诗中得知，当时賨人地区盛产黍(黍子)和稷(高粱)，他们用这些野生的或种植的谷物为原料酿出清酒，配以佳肴(非谷物的肉、菜、果等)，作为赡养老人的美食。

这首诗差不多与《诗经》同一时代，不过相比而言，巴渝的诗歌较之春秋时中原各国的诗歌，它在表述上更加直白，也更通俗易懂。这似乎符合了历史上有关“下里巴人”的记载。但无论如何，一种符合本地居民个性的文学体裁——巴渝诗出现了。

时光悠悠，两千年来，巴渝大地逐渐发展出其独具特色的地域文化，从而也有了深厚的文化积淀。历代名人学士如李白、杜甫、苏轼、黄庭坚、陆游等在这里均有翰墨传世，这些诗歌题材广泛，内容丰富，感情充沛真挚。

参天之树，必有其根；怀山之水，必有其源。巴渝诗歌从它的昨天蹒跚而来，在泱泱华夏的文化史上不仅留下了深厚的印迹，还彰显了自己独特的身份，在我国地方文学的发展史上，始终占有重要的一席之地。

秦汉时期民歌渐兴

秦汉魏晋南北朝时期巴渝文学的特点是民歌民谣比先秦更为丰富，但本土文人诗作极少，文人诗文多为寓居或经过巴渝的诗人所作。这是因为巴渝地区在整体上经济还比较落后，加之交通艰难，教育较为落后等因素造就的。蜀中虽有文翁（前187—前110年）教化，但只在川西成都，其影响并未深入到川东的巴渝地区。其次，描写巴渝的诗文作品集中在三峡地区，这说明三峡雄奇壮丽风光和巫山神女神话传奇的神秘魅力，继先秦之后，它们持续地成为巴渝诗歌创作的源泉。

值得注意的是，秦朝有歌谣开七言诗先河；西汉铙歌《巫山高》对后世同题乐府有重大影响；东汉文人五言怨颂诗，与《古诗十九首》同步，而讽喻内容更加丰富。这三点，又表现出巴渝文学的某些创新特色。

如秦始皇时的巴邑歌谣云：神仙得者茅初成，驾龙上升入太清。时下玄洲戏赤城，继世而往在我盈。帝若学之腊嘉平。虽然这首诗劝秦始皇求神仙长生不老之术，从内容上说无足可取；但七言五句的形式值得重视，这首民谣与《逸周书》中《周祝》篇，都是早期民间的七言歌谣。它们无疑代表了我国悠久诗歌传统的一段初创时期，而且从呈现结果上来讲，它们已在开始探索“诗歌”作为一种文学体裁的基本格式和写作范式。

再如西汉乐府《巫山高》，最早见于《宋书·乐志》：巫山高，高以大。淮水深，难以逝。我欲东归，害梁不为？我集无高，曳水何梁。汤汤回回。临水远望，泣下沾衣。远道之人心思归，谓之何！

《乐府诗集》列为“汉铙歌”，解题说：“言江淮水深无梁可度，临水远望思归而已。”这首诗写一个游子流寓三峡，因巫山之险阻不能东归，假想临淮远望的光景，它开后世用《巫山高》为题的先河。

唐代的三峡“组诗”

唐朝是一个诗人和诗歌井喷的时代，也是我国诗歌文化最繁盛的时代。社会的稳定繁荣推动了文化的兴盛，游历巴渝地区的文人数量日增，加之众多士人被贬官到巴渝地区，从而推动了巴渝诗歌的发展。因为不论从地理交通还是文化底蕴而言，巴渝仍和中原发达地区有着不小的差距，彼时的“下里巴人”渐渐被大量贬于巴渝的客籍文人装饰得羽翼丰满，巴渝诗完成了它由“下里巴人”到“阳春白雪”的蜕变。

唐人入渝通常借长江水路，三峡的景观毫无疑问是扣人心弦的第一道巴渝地理坐标。唐代无数诗人在重庆和三峡做官或客居，他们留下了大量的诗词歌赋。如陈子昂、杨炯、卢照邻、张九龄、孟浩然、王维、李白、杜甫、白居易、刘禹锡、李商隐、李贺……几乎有唐一代著名的诗人，都在三峡地区留下了大量的诗篇。

▲三峡风景

李白（701—762年）的《早发白帝城》：“朝辞白帝彩云间，千里江陵一日还，两岸猿声啼不住，轻舟已过万重山。”空灵奔放，千古传唱。

杜甫（712—770年）晚年居夔州（今奉节等地），留下诗作430余首，约占杜诗总数的三分之一，是古代巴渝诗歌创作的杰出代表，一首描写白帝城的《登高》：“风急天高猿啸哀，渚清沙白鸟飞回。无边落木萧萧下，不尽长江滚滚来。万里悲秋常作客，百年多病独登台。艰难苦恨繁霜鬓，潦倒新停浊酒杯。”宏阔深远，被誉为“古今七律第一”。

白居易（772—846年）继“诗仙”和“诗圣”之后入渝，一首《夜入瞿塘峡》：“瞿塘天下险，夜上信难哉。岸似双屏合，天如匹练开。逆风惊浪起，拔篸暗船来。欲识愁多少，高于滟滪堆。”白居易的这首诗，描述瞿塘之险与抒发内心的哀愁，都是开门见山地直抒胸臆，堪称直率风格的典型作品，实属宦游巴渝的上佳之作。

试想伟岸的三峡，如果没有这一代代诗人不绝于缕的礼赞，它也未必被视作巴渝风光独一无二的名片，更未必能在世人心中留下那不可替代的影响力。

可以这么说，有了唐代诗人的三峡诗，巴渝诗注定就会披上雄奇飘逸的外衣！

诗歌中的巴渝民风民俗

也许再没有人像客居巴渝的唐代诗人李商隐（813—858年）一样，用一首诗就可以让所有人都对巴渝之地产生不能磨灭的印记。他在《夜雨寄北》中写道："君问归期未有期，巴山夜雨涨秋池。何当共剪西窗烛，却话巴山夜雨时。"夜雨的淅沥，人心的惆怅，自然与人文在这里完全的融合……

但唐代诗人的才华是多方面的，李商隐的诗才固然堪称绝顶，可我们今天读来，因为它的高度抽象，似乎使它又缺了点儿什么。这缺少的也许就是我们所有普通人最应该接的"地气"吧。

所幸，唐代还有白居易，他完美地为我们补上了这一缺憾。

中年的白居易曾在忠州（今忠县）任职近一年半，在这里，他前前后后写下了大约120首优秀的诗篇。这些诗歌题材广泛，内容丰富，感情充沛真挚。最难得的是，大诗人不惜用最真诚的情感，去记载平凡的忠州百姓最琐碎也是最真实的日常生活。

▲织锦图

唐代的忠州是以巴民族为主的少数民族积聚区，巴人的风俗文化带有鲜明的地方特色，他们都喜欢歌舞。《太平寰宇记》载：巴渠居民"其民俗聚会，则击鼓踏木牙，唱竹枝歌为乐。"竹枝歌是一种具有乡土气息的地方特色民歌，白居易在忠州从政之余还开始对竹枝歌舞这一民俗产生兴趣，注意收集民间歌谣，并创作了《竹枝词四首》。

如《竹枝词》其二："竹枝苦怨怨何人，夜静山空歇又闻。蛮儿巴女齐声唱，愁杀江楼病使君。"《听竹枝赠李侍御》："巴童巫女竹枝歌，懊恼何人怨咽多。暂听遣君犹怅望，长闻教我复如何。"这两首诗歌的内容都明显带有巴渝地区文化的特色，既写出了巴人善唱竹枝歌的风俗，同时诗人也将自己作为其中的角色之一，从而表达出一种哀伤的情调。

▲巴渝民间歌舞表演

白居易的诗歌向来以“诗风俗众，老妪能解，儿童能歌”的俗白而著称，其诗歌语言平易通俗，流畅自然。他还善于将写景和抒情结合起来，显得自然得体。他在忠州期间，善于学习民歌，使诗歌的特点更加清新自然，贴近生活。

可见，巴渝诗也和其他诗歌一样，它们从来都不只是飘忽幽远的心灵玄音，而是发生在我们身边和眼前的真切的生活。

“巴渝十二景诗”

由古至今，巴山渝水景致万千，雄浑与秀美并重。历代文人骚客纷纷挥毫泼墨，赋予巴山渝水以魂魄，使美景世代流传。

清乾隆二十五年(1760年)，时任巴县知县的王尔鉴在明代“渝城八景”的基础上评定出了汇聚重庆美景之精华的“巴渝十二景”。时至今日，巴渝十二景不仅仅是具有代表重庆特色的景点，也是重庆著名的文化名片。

古巴渝十二景的选定标准是：“其趣在月露风云之外，其秀孕高深人物之奇，登临俯仰，别有会心……空灵缥渺，在有象无象之间，最称奇妙……别具幽趣，空灵不著色相……”

让我们跟随诗人的笔端，一起走进古巴渝十二景，探寻其迷人的景致吧！

其一：金碧流香

“巴山耸秀处，金碧有高台。何处天香至，疑从月窟来。江环千嶂合，云度九门开。每一凭栏眺，清芬拂草莱。”([清]王尔鉴)

金碧山是当时眺望重庆繁华地段的最佳处，文人们常吟诗作对结伴登高至此，居高临下，可俯瞰全城；举目远眺，又水阔天空。

其二：黄葛晚渡

▲黄葛晚渡

黄葛渡因候渡者有黄葛浓荫庇遮得名，位于南坪涂山之麓，越江心珊瑚坝与南纪门隔江相望，今长江大桥下游、南岸宏声路附近。它在北宋年初就已形成了摆渡渡口，每当夕阳时分，在此过江的人们延伸占据着很长的渡口，呈现着交相争渡的场面。

其三：统景峡猿

"桶井多奇胜，寻源景不穷。好山偏窈窕，曲径更葱茏。挂树千猿跃，窥天一线通。桃源花落处，几度诳渔翁。"（[清]周开丰）

此景坐落在现渝北统景风景区，境内的峭壁峡谷酷似桶状，当人入其中有如坐碧井观天之感，因而得名"桶井"。之后将"桶井"易为"统景"，也是谓喻此处集自然山川之灵秀、统天下多种美景之缘故。

其四：歌乐灵音

歌乐山因"歌乐灵音"而得名，清乾隆《巴县志》载："山崇五里，层岭密树，松杉翳日，清风倏来则万籁齐鸣，胜于鼓乐。"

相传"歌乐灵音"源于歌乐山顶峰的云顶寺，云顶寺曾有铜铃12个，每当风吹铜铃，清脆的铃声和着阵阵松涛翻滚十里，动听之极。

其五：云篆风清

"风送云为御，云盘山几重。如何非象马，偏是走蛇龙。涧影环飞瀑，江涛曲泛松。偶闻樵子唱，余韵袅前峰。"（[清]王尔鉴）

云篆山距重庆巴南区鱼洞约8千米，形如鱼脊，高耸盘曲。登临云篆山，只见绿树森森，云雾悠悠，侧耳倾听山风穿林，奇云变幻莫测，天地悠悠，山人合一，颇具空灵飘逸之感，烦恼全抛九霄云外，静观而坐，山风阵阵，鸟鸣声声，恍若与世隔绝。

其六：洪崖滴翠

洪崖是指重庆渝中区沧白路以下，临嘉陵江的崖壁，因崖上还有一洞，唤作洪崖洞。在崖顶上的新华路一带曾经是林木苍翠，树多则蓄水，于是一条小溪从山林间渗出，形成一道瀑布悬空而下，落至崖间再顺着岩石自上而下地汇作涓涓细流。在少雨的季节，水就呈星星点点往崖下滴，水珠儿被阳光映透得个个如绿珠碧玉。

其七：海棠烟雨

“溪邃怜香国，山容映海棠。轻烟笼晓髻，细雨点新妆。娟秀宁工媚，幽清却善藏。每望望江屋，独立临苍茫。”（［清］王尔鉴）

从前有海棠溪，发源于南山北坡，由西南向东北蜿蜒十余里，一路上接纳了好几条山溪涧流，又忽地转了一个弯，向北注入长江，溪边以前长满了海棠树，每当春雨降临，淡烟微布，细雨如丝，溪流映带，其趣无穷，海棠烟雨由此得名。

▲洪崖滴翠

其八：字水霄灯

因长江、嘉陵江在朝天门交汇处的水流，几经曲折相互迂回而天然形成一个酷似“巴”字的古篆体，故有“字水”之称。夜幕下华灯初上时，波光凌照，“宵灯”映“字水”，山城夜景得雅号“字水宵灯”。

其九：华蓥雪霁

“最爱华蓥雪，新晴映玉林。何须披鹤氅，无事待立阴。长啸联风月，空山自古今。光流尘不染，清响度崖音。”（［清］佚名）

雪霁，即雪停天空放晴那一刻。古时华蓥山为重庆属地。据考，华蓥山大雪初停之时景致使人震撼：冬雪初霁，碎琼乱玉，或无或有，掩映丛林翠霭，至若雪山万叠，日色破寒，琼楼玉宇，霁色斑斓。

其十:缙岭云霞

暮日西下,置身于重庆北碚嘉陵江温塘峡畔的缙云山,九峰横亘,延绵不断,好似挂在天上的岛屿漂浮在赤色的云海中,缙云一早一晚斑斓绚丽地映满天空。

其十一:龙门浩月

“石破天开处,龙行俨禹门。魄宁生月窟,光自耀云根。雪浪盘今古,冰轮变晓昏。临风登彼岸,涂后有遗村。”([清]王尔鉴)

▲华蓥雪霁

向朝天门奔涌而去的长江,受南山山体阻挡,被靠南岸的一排隆起的石梁顿时劈为内外两流。被“劈”的长江在此转了一个大弯,石梁外江流湍急,梁内却浩如平镜,内外不同如此分明,巴人称这形似弯月、波平如镜的水湾为“浩”。凸出江面的石梁酷似一尊微微向外流倾斜的游龙,顺着江势连绵而居,中间有一断开处正好疏通着内外水系,由于形如龙门,南宋便有人在其内外两侧刻“龙”“门”二字。

其十二:佛图夜雨

建于渝中半岛上的旧重庆主城三面环水,只有西南山脊一线可通往“佛图雄关”,它是连接陆路交通的唯一出口,历史上诸多兵家的必争之地。山临两江,地势高险,水汽蒸腾,到了夜晚整个佛图关雨雾蒙蒙,云烟缭绕,宛如江上仙境浮岛。

领略完这别具诗意的“古巴渝十二景”不禁叫人感叹:巴山渝水俯拾皆是美景!而当如此美景又和诗歌完美结合在一起时,无疑使我们能更直观地体会巴渝诗的魅力!

课后探究

1.查阅相关网络资料,请将上文巴渝十二景中的未引用诗句的六景的对应诗篇补充完整,并誊写在下表中。

景观	诗篇
其二：黄葛晚渡	
其四：歌乐灵音	
其六：洪崖滴翠	
其八：字水宵灯	
其十：缙岭云霞	
其十二：佛图夜雨	

2.阅读《巴渝诗词歌赋》（熊宪光著，重庆出版社，2004年）一书，选出你最喜爱的一首作品加以赏析。

诗歌赏析			
名称			
作者		时代	
内容			
赏析			

3.观诸巴渝大地，风物兴盛，气象万千，引来历代文人骚客挥毫泼墨。请你仿照古人创作一首描绘巴渝景致的诗歌吧！

第三章

声声如诉——巴渝赋

巴渝的山川景色壮美秀丽而又雄奇险峻，巫山（今巫峡）、夔州（今奉节）、忠州（今忠县）、渝州（今重庆江北）等地构成了一道道风景独特的山水屏障，是古代文人入蜀、出蜀的必经路线，沿着这条黄金水道，人们寄托、畅想、思索、遥望，留下了许多优秀篇章。

特别是著名的三峡，它的烟云笼罩，看似隔开了古代巴渝人民与外部世界的联系，但也因为它的神秘瑰丽，散发出无穷的魅力和想象力。古往今来，三峡都是文人们吟诵的对象。细细算来，远在先秦时期，他们就以“赋”这种文本为载体，倾情地歌颂着这片神奇的土地，很多作品已成为永恒的经典。

那么除了三峡，你还知道哪些巴渝风物也进入过文士骚客们的诗篇呢？那些文字以及它们背后的故事，对巴渝文学又有着怎样的影响呢？

让我们一起走进多姿多彩的巴渝赋吧。

熟悉一位名人：屈原

唐代诗人刘禹锡在《竹枝词九首并引》中说道：“昔屈原居湘、沅间，其民迎神，词多鄙陋，乃为作《九歌》，到于今荆楚鼓舞之。”湘、沅、荆、楚等地，虽说主要是今天的湖南、湖北一代，但屈原（前340—前278年）为两湖地区劳动人民创作诗歌，也常把他在两湖之外的游历见闻纳入创作的素材。

比如说巴渝大地的巫山。

《九歌·山鬼》写的就是巫山，其中有“采三秀兮於山间，石磊磊兮葛蔓蔓”的诗句，“於山”即巫山，“山鬼”是屈原幻想出的山神。在诗中，山鬼是一个缠绵多情的女神，她是自然美的化身，住在巫山深处，蔓生植物为衫，香花香草为带，非常温柔美丽，她久久期待着爱人。屈原的《山鬼》，应该是最早描写三峡神女的诗篇。

▲ 屈原雕像

众所周知，屈原一生壮志难酬，他的作品大多都带有爱国主义的情怀。但当我们今天阅读《九歌》一类的作品时，除了去体会屈原寄托在文字中的悲愤情绪外，也许还值得让我们关注的是：作为文人的屈原，或许他不是有意为之，但以他“离骚”为主要创作风格的文体——后世我们称之为“楚辞”，却无意中为我们留下了两千多年前巴渝风物婀娜绰约的那一面；而且更可贵的是，以“赋”为代表的巴渝文学，就和楚辞一起，借着屈原的盛名被更多人所认识。

从巴渝文学的角度去认识屈原，他不仅仅是我们迄今还通过划龙舟、吃粽子等活动去祭拜的远古先贤，更是后来许多赞美过巴渝风物的文人骚客追慕效仿的“文艺男神”。

了解一篇名作：《高唐赋》

宋玉（前298—前222年）就是屈原的仰慕者之一，作为宋国后裔，他生在楚国，为屈原之后学，从文艺创作上讲，他将屈原草创的“骚体”发扬光大。

宋玉为当时巴渝大地上最具知名度的风物——巫山留下了两篇堪称姊妹篇的旷世神作：《高唐赋》和《神女赋》，前者写景，后者叙人。

▲ 三峡风光（现代画）

宋玉围绕巫山展开了他的“神游”。在侧重写景的《高唐赋》中，宋玉向楚襄王描述当年楚怀王在梦里云游高唐观巫山神女的情景，以及醒来之后祭祀与游猎之事，叙述巫山一带的雄伟山水和瑰丽奇观，并规谏楚襄王，与其和神女交会，不如广开言路，用贤辅政，以求身心康健，民安国泰。《神女赋》是《高唐赋》的续篇，它描写了巫山神女美丽的容颜、精美的服饰和淑静端庄的品性。《神女赋》应该是描写女性美最早的赋体范文。

《高唐赋》所描述的巫山山水风物，既具有典型性又具有鲜明的地域性。赋云：“高矣显矣，临望远矣。广矣普矣，万物祖矣，上属于天，下见于渊。珍怪奇伟，不可称论。”这般奇伟的自然地理风光，这般险峻的山水气势，这般原始苍茫的生态等等，唯有三峡中的巫山地区可以当之。

此赋还有下面一些有关巫山的名句：

如：“巫山赫其无畴(chóu)兮，道互折而曾累。登巉岩(chán yán)而下望兮，临大阺(dǐ)之稸(xù)水。遇天雨之新霁兮，观百谷之俱集。濞(pì)汹汹其无声兮，溃淡淡而并入。滂洋洋而四施兮，蓊(wěng)湛湛而弗止。”

气势磅礴的巫山，在宋玉眼中无异于“世界之巅”，那里有着不同人间的风景，特别是雨后雾气氤氲的山景，宛如海上神山的仙境！

又如：“仰视山巅，肃何千千。炫燿(yào)虹蜺，俯视峥嵘(zhēng róng)，窐寥(wā liáo)窈冥，不见其底，虚闻松声。倾岸洋洋，立而熊经，久而不去，足尽汗出。悠悠忽忽，怊怅自失。使人心动，无故自恐。”

宋玉夸大了登临巫山的感受，尽管这样的感观是夸张的，但它不同于孔子“登泰山而小天下”的情怀又是真实的。是的，以巫山为代表的巴渝巍峨群山，它们给人最直观的感受是畏惧，是颤颤巍巍、如临深渊！

这足以证明，三峡巫山一带既是一个具有独特自然地理环境的地带，又是一个具有独特民族文化风俗的地域。自从三峡地区有人类活动以来，它就鲜活地存在于古老的神话传说中，频繁地出现于先秦文献的记载中——这是任何一座山峦、任何一个地域所不能替代的。

其实，巴渝的山水风物，就和“赋”这一种文体一样，源远流长、传承不绝。

认识一种文体：赋

“赋”是我国古代的一种文体，介于诗和散文之间，类似于后世的散文诗。它讲求文采、韵律，兼具诗歌和散文的性质。一般而言，它侧重于写景，借景抒情。

赋最早出现于诸子散文中，叫"短赋"；以屈原为代表的"骚体"是诗向赋的过渡，叫"骚赋"；汉代正式确立了赋的体例，称为"辞赋"；魏晋以后，日益向骈文方向发展，叫作"骈赋"；唐代又由骈体转入律体，叫"律赋"；宋代以散文形式写赋，称为"文赋"。历代著名的赋有：杜牧的《阿房宫赋》、欧阳修的《秋声赋》、苏轼的《前赤壁赋》等。

虽然现代人已很少写赋，也就是说赋作为一种文体，在我们对现代文学的认知中，其普及程度和影响力已极其有限，但它在我国传统文学中的受欢迎度依然很高。同时，赋还是考验文学创作者功底最全面的一种标准文体。

赋具有以下几个特点：

一、语句上以四、六字句为主，句式错落有致并追求骈偶；

二、语音上要求声律谐协；

三、文辞上讲究藻饰和用典；

四、内容上侧重于写景，借景抒情。

骈偶和藻饰曾是汉赋前期的一大特征，但经历了长期的演变后，当发展到中唐和两宋，特别在"古文运动"的影响下，又出现了散文化的趋势，不讲骈偶、音律，句式参差，押韵也比较自由，形成散文式的清新流畅的气势，叫作"文赋"。实际上，无论是以屈原"离骚"发轫的汉赋，还是后代的文赋，都仍然影响着今天的文学创作和相关文学品鉴。

课后探究

1.阅读课外参考书，并参考相关网络资料，搜寻一下还有哪些描绘巴渝风物的赋，完成下表(不少于三个)。

赋名	作者	时代	主题思想	名句摘抄

2.前文已经对赋的格式和韵律做了初步的介绍。同学们,请你试着为巴渝大地的景观创作一段文辞优美的“赋”吧!

3.阅读和鉴赏《巴蜀中学赋》(作者:熊笃),试着了解赋文中所举的历史事件和所用的典故。

巴蜀中学,山水钟灵。枇杷山脚,陟绝顶以扪参井;嘉陵江浒,源雍邑而赉凤翎。长虹卧水,贺黄花园之桥道;大厦摩天,落银河岸之繁星。集蜀水巴山之秀,融三才七曜之精。昔渝州建市,王、刘购园以兴序;苏沪招贤,周、孙受聘而纬经。公正诚朴之校训,读用手脑之教衡。林森旌匾,川东实验中心;渝城赛会,蝉联演讲头名。赤县陆沉,东瓯纷徙渝京;举国救亡,巴蜀迅比雷霆。礼堂挂图,书国破山河之警;班级编称,按沦陷省区而名。召国魂而习军训,防空袭以护学黉。分西充以传火种,办讲座而启蒙冥。周恩来莅校演讲,沈钧儒骨鲠宣扬,黄炎培战时劝募,叶圣陶国学溢芳。隆基沫若,老舍胡风,寅初田汉,韬奋燕铭,名流鸿儒,玉振金声。沐烽烟以夭娇,历风雨而峥嵘。倭燹甫停,内战继张。作孚子昂,办高中而尽囊橐;家树宋立,建支部以应苍黄。腥风血雨,反内战独裁弥旺;学潮赤浪,迎解放眉鬓高昂。抗美援朝,十七子戎装入伍;垦地栽苗,三千斤蔬菜救荒。钦烈士以名班,卓娅萱堂来访;兴凯洛夫教学,苏联学者观光。教弘业赫,首批省市重庠;评优示范,百面红旗飞扬。群雄角逐,川渝大奖轻取;俊才叱咤,巴蜀健儿鹰扬。昔日莘莘学子,今朝晔晔栋梁。若夫专家教授,高干文豪,上夺乾坤造化,下益社会繁昌。堪谓林林总总,郁郁苍苍。

改革狂飙,挟雷掣电;教坛汹涌,龙跃幽渊。思潜蛟之得雨,敢雷鳍而争先。领导垂范,理念瞻前;名校战略,纬地经天。倡三维以人为本,立八字师德为权。探办学多元之路,创连锁教业之篇。夙兴夜寐,眼观六合风云;宵衣旰食,日思远划九玄。集谋则众帅一体,务本则诸首共肩。创中华名校,率师百舸扬帆;谋教育产业,分堰九畹滋兰。握猷画而倏升,登昆仑以雄眄。催生校企,一路云霞飞舞;首创龙湖,满天凯曲盈阗。金科拔地,再创智资合璧;新原待岸,只缘珍奇联翩。背業太山之崔嵬,翼举碧落之回环。人气森森,虽千难而何患;众志成城,纵万里以犹恬。名师罗列,激三千以崛起;群贤荟萃,向九万而迅攀。优化师资,学校熔炉再锻;对外交流,师生英美组团。授课名师,主干学科布满;辅奥精英,国级教练攻关。致力课改,校编数十部教材;倡导新法,课堂多媒体争妍。优课赛评,邦域几多冠冕;课题论文，华夏各级奖颁。寰球国象，稳稳金牌到手；世奥物理，铮铮鳌头独占。学科竞赛，多摘取国家头奖；高考登科，三荣膺文理状元。升高中重点，全市六年居首；考清华北大，迩岁百人中铨。学生社团，跻神州百强佳选；中国作协，数巴蜀年幼会员。书画连年冠亚，提琴两戴金冠。集穷困优生，高中编宏志班；设专项扶贫，年资助卅万元。智力支教，派优师赴区下县；教学互动，带昆仲凤翥龙骞。图书馆汗牛充栋，千兆网覆校通班。逸夫楼室，设施一流齐备；体育馆场，雨晴十美俱全。十佳校长，巴渝懿范；九州先进，誉满杏坛。文明学校，礼仪示范；德育优率，桃李满园。承万钧雷龙飙风，白虹贯日；进千所中华名校，伟业空前。

巍巍巴蜀，莽莽学闱。校舍依山临水，牌楼拔地耸威。宫阁参差，登岗陂而顶云絜；浓荫掩映，曲交径以通幽微。芭蕉林带，露珠滴翠；小叶榕道，碧玉纷披。绿茵铺毯，绣巴龙而织蜀锦；红卉开颜，伴青领以迎贵宾。鸟语花香，沁心脾恍入仙境；廊长壁雕，象巴俗活见人文。临江风而弥朝气，感灵地以育荃荪。景夺蓬瀛之秀，神超石室之氛。书声朗朗，荡精之流韵；乐歌阵阵，传艺术之形神。显微镜中，辨细胞以知生命；塑胶场上，练虎跑而凌青云。实验技能，理化心手同训；微机上网，视听指脑并勤。放眼界乾坤博览，吞珠玑宇宙经纶。青青子衿，孜孜园丁；志凌五岳，胸纳四溟。蒸蒸日上，跃跃鹏腾；扶摇直上，展翼长鸣。与时俱进，万里征程。

第五章

乐坛奇葩——竹枝词

“东边日出西边雨，道是无晴却有晴”，你是否对这一句古诗特别熟悉呢？它既是对我们巴渝大地独特自然现象的描述，也是巴渝文化在诗体上的一大创举。

在漫长的历史发展中，面对社会的变迁，被誉为“乐坛奇葩”的竹枝词，成为巴渝文化中的一个特殊的组成部分。这其中，既有着奔放的“下里巴人”，为我们重现当年巴渝子民辛勤耕耘的身影；也有着委婉的“阳春白雪”，为我们谱写华夏大地上一幕幕壮丽的景象。

是什么样的文化孕育了这样一朵乐坛上的奇葩？在漫漫历史长河中，它又绽放出了怎样的光芒？让我们带着这些问题，开始我们的文化之旅吧！

看一看

▲《中华竹枝词》

▲《中国三峡竹枝词》

要了解“竹枝词”这一特殊的文体，就要从它的起源与发展进行探究。历朝历代研究竹枝词的著作，不胜枚举。这其中，既有分地域编纂者，又有按年代汇辑者。《中华竹枝词》《中国三峡竹枝词》就是以地域文化为基础的研究著作代表。

《中华竹枝词》是编者雷梦水等四位先生广搜博采，或录自善本，或出之私藏，考订甄选，取精用宏所著。该书共计六册，按历代竹枝词作者年代、省份编排，诗作繁多者又分区排列。其中主要摘录了从唐朝中期到民国年间，1260多位作者，21600多首竹枝词作品，其总字数达到了254万之多。《中国三峡竹枝词》则着眼于山水风貌、历史沿革和文化渊源，兼取“三峡文化圈”和“巴楚文化圈”等含义。在这本书中，我们可以看到历代文人在三峡地区所作以及部分题材和主题与三峡相关的竹枝词。

读一读

1.历史溯源——竹枝词的起源

关于竹枝词的起源一说，可谓众说纷纭。但总体而言，根据学者的研究和论述，其起源来自古代巴人，在学界已成定论。如郭茂倩在《乐府诗集》中所说，即“竹枝词本出于巴渝”。

“一种文化现象的生成必然与其相关的文化生态有着密切的联系，探索巴人竹枝词的起源，应该从其生成的文化生态入手。”（中南民族大学向柏松教授《巴人竹枝词的起源与文化生态》）

“竹枝词”原名“竹枝”“竹枝歌”“竹枝曲”，是描绘巴渝大地的山川景物和风土人情的歌曲，语言明快可爱、清新流利，具有浓郁的生活气息和地方特色。因此，从一开始竹枝词就是以民歌的形式出现。伴随着社会经济的不断发展，巴渝大地的祭祀之风开始盛行起来。在传统的巴渝“巫文化”中，祭祀作为一个重要的文化组成部分而显得尤为重要。如《夔州府志》记载开州民俗：“渔樵耕牧，好唱竹枝歌。”《太平寰宇记》记载万州民俗：“正月七日，乡市士女渡江南娥媚碛上，作鸡子卜，击小鼓，唱竹枝歌。”巴山渝水崇巫重卜的文化环境，也促使了竹枝词的不断兴起。

与此同时，根据部分学者推断，由于巴渝大地多以山区地形为主，竹林、竹子都是人们生活生产中必不可少的一部分。因此,竹图腾的崇拜也成为西南地区的一种典型代表。竹枝词在也正是在祭祀这一图腾崇拜的过程中,成为三峡地区山水文化交融的一种人文产物。

2.百川汇海——竹枝词的发展

伴随着社会经济的发展,民族交融的加强,竹枝词也从最初的祭祀民歌,逐渐走进文学殿堂。此时的竹枝词,各种土语、楚音吴声相互渗透交织其中。直到唐朝时期,伴随着巴渝地区逐渐成为中央王朝贬谪官员的主要地点之一,许多文人墨客来到这里。他们不仅带来了巴渝大地文化事业的蓬勃发展,更是促成了民歌竹枝词向文人竹枝词的转化和升华。

许多学者都认为,竹枝词的最早借鉴、模仿、创新者,当属“诗圣”杜甫。早在杜甫的《夔州歌》中,就已经有着一些竹枝词的影子。夔州,也就是如今我们所熟知的重庆奉节、云阳、巫山、巫溪等地。翁方纲曾在《石洲诗话》说:“杜公虽无竹枝,而《夔州歌》之类,即其开端。”黄庭坚也曾在《跋刘梦得〈竹枝歌〉》提到,“刘梦得《竹枝歌》九章……比之杜子美《夔州歌》,所谓同工而异曲也。”

在杜甫之后,文人竹枝词开始盛行,顾况、元稹、白居易、刘禹锡等人随之将其推向了兴盛。从总体上而言,唐代文人竹枝词主要以三峡风光、巴渝人文等为写作题材或背景,借此抒发个人情感及感悟。或览物伤情,或借古讽今。《全唐诗》中,也对竹枝词这一文学新诗体进行了记载,累计有29首之多。这其中,就有大家耳熟能详的刘禹锡《竹枝词》九首。(示例二首如下)

《竹枝词》(其一)

白帝城头春草生,白盐山下蜀江清。
南人上来歌一曲,北人莫上动乡情。

《竹枝词》(其二)

山桃红花满上头,蜀江春水拍山流。
花红易衰似郎意,水流无限似侬愁。

及至宋代,竹枝词得以继续发展。例如本为蜀地文人的苏轼、苏辙兄弟,就是个中翘楚。此时的竹枝词,既有着对当地风土民情的描述,也有着宋词独有的文化印记。甚至有词类大家认为,《竹枝词》是词文化的开端之一,用朴实的语言开始写意中国的文化。一些新的文体,新的韵律都在这时期得以出现。如黄庭坚的《木兰花令》“黔中士女游晴昼……竹枝歌好移船就”,杨万里的“知侬笠漏芒鞋破,须遣拖泥带水行”“谁为行媒教作赘,大姑山与小姑山”等。

《竹枝词》

[宋]苏轼

自过鬼门关外天,命同人鲊瓮头船。

北人堕泪南人笑,青嶂无梯问杜鹃。

《竹枝词二首》

[宋]黄庭坚

塞上柳枝且莫歌,夔州竹枝奈愁何。

虚心相待莫相误,岁寒望君一来过。

《竹枝词》

[宋]杨万里

月子弯弯照九州,几家欢乐几家愁。

愁杀人来关月事,得休休处且休休。

此后,竹枝词历经了元朝的繁荣、明朝的继承、清朝的突破,及至民国的普及。在这过程中,竹枝词也不再局限于巴渝大地这一独特地域,而是将其扩展到全国各地。文人墨客们结合当地的风土人情,“泛咏风土”,甚至一度传至海外。

《由家首途抵渝》

[民国]刘存重

肩舆缓缓赋长征,十日途行换水行。

楼阁万家山两岸,舟人共说抵渝城。

总之,竹枝词由民歌竹枝词到文人竹枝词的发展,既是历史文化传承的表现,也是社会经济发展的产物。巴渝山水的独特文化造就了竹枝词这一朵“乐坛奇葩”,也成就了绚丽多彩、历史悠久的巴渝文化。

课后探究

1.历史上许多文人都曾写过竹枝词，如杜甫的《夔州歌十首》、刘禹锡的《竹枝词九首》、苏轼与苏辙所著的《竹枝歌》等。同学们可以选择自己最喜欢的一首进行赏析，并写下自己的所思所悟。

读书笔记			
诗歌名称		诗歌作者	
诗词原文			
诗文释义			
主旨思想			
感悟提升			

2.对部分竹枝词诗歌进行赏析后，同学们，你们能试着仿写一首描写家乡风景或自己心境的竹枝词吗？

3.诗文隽永，笔墨留香。同学们，你们最喜欢的一首竹枝词是什么呢？请你把它用钢笔或毛笔誊写下来吧！

落款					起笔

第六章

精神瑰宝——巴渝石刻

公元3世纪左右，随着骆驼商队穿过莽莽戈壁，伴着阵阵驼铃声，作为古印度传播佛教的艺术使者，石窟艺术沿着丝绸之路传入了中国。随后在巴渝大地上，善于创造的巴渝人在这里建造、雕琢、护持、培修了精彩纷呈的石刻文化。

中国石窟艺术的丰碑——大足石刻

▲大佛湾

大足石刻是重庆市大足区境内主要表现为摩崖造像的石窟艺术的总称。造像始建于初唐，历经唐末、五代，盛于两宋。迄今为止公布为文物保护单位的石窟多达75处，造像5万余尊，其中尤以北山、宝顶山、南山、石门山、石篆山石窟最具特色。北山石窟依岩而建，龛窟密如蜂房，被誉为“唐宋石窟艺术陈列馆”。宝顶山大佛湾造像长达500米，气势磅礴，布局严谨，图文并茂，教义体系完整，是世界上罕见的有总体构思、历经70余年建造的一座大型石窟密宗道场。造像既追求形式美，又注重内容的准确表达，涵盖的主题较广，令人省度人生。大足南山、石篆山、石门山石窟精雕细琢，是中国石窟艺术中少有的释、道、儒“三教”造像的珍品。

大足石刻是石窟艺术生活化的典范，在内容取舍和表现手法方面，都力求与世俗生活及审美情趣紧密结合。人物形象文静温和，衣饰华丽；形体上美而不妖，丽而不娇。造像中，无论是佛、菩萨，还是罗汉、金刚，以及各种侍者像，都似现实中的各类人物的真实写照。尤其是宝顶山石窟所反映的社会生活情景，丰富写实，颇似一座民间风俗画廊。例如《父母恩重经变相》多组群雕，生动地刻画出了父母养育子女的艰辛过程；《养鸡女》成功地塑造了一个劳动妇女的形象；深得人们赞赏的《牧牛图》充满了农村生活的情趣。大足石刻以其浓厚的世俗信仰，纯朴的生活气息，在石窟艺术中独树一帜，把石窟艺术生活化推到了空前的境地。

▲《养鸡女》

▲《牧牛图》

大足石刻以艺术的形式来表现儒、释、道三教融合的思想灵魂，把儒家仁义忠孝观念融入佛理，同时引佛教教义以明儒家经典。作为中国传统文化主体的儒家、道教及佛教，在长期的发展进程中，总趋势是由“相互对抗”走向“相互融合”。大足石刻中表现为使原本属于佛教产物的石窟艺术为道教和儒家所借用，且“三教”创始人不分高下地出现在同一石窟之中。同时，大足石刻丰富多样的造像题材又有力地反映了这一时期源于印度的佛教神祇和道教早期的神仙系统已与中国民俗信仰的神灵融合，呈现出信仰多元化的趋势。如石刻中表现的《父母恩重经》就体现了佛教与儒教的融合，佛教用自己的教义来体现儒家的孝道。

大足石刻是科学与艺术相结合的艺术创造。大足石刻充分运用工程技术进行石刻艺术雕刻，其表现在地形选择、峡谷排水、龛窟支撑、力学原理等方面。如“圆觉洞”通过老僧持钵接水解决排水，而形成“只听山水响，不见山水流”的绝佳意境；“华严三圣像”中文殊手托的石塔，重约千斤，单凭“手”是不能支撑其重量的，雕刻家便利用手腕上的袈裟，斜着下垂至膝部，将重力引向地下，使其托塔而不坠。大足石刻的创造者充分地运用了科学技术，使之与艺术巧妙地结合。同时，在审美上也体现了中国传统审美思想和审美情趣。

▲圆觉洞

石窟艺术传入中国后，分别于公元5世纪和公元7世纪前后（魏晋至盛唐时期）在中国北方先后形成了两次造像高峰，但至公元8世纪中叶后，北方石窟艺术逐渐走向衰落。于此续绝之际，大足的雕刻家们却仍在挥锤凿石，创造了中国石窟艺术史上的最后一座丰碑。联合国教科文组织专家认为：“大足石刻是天才艺术杰作，具有极高的历史、艺术、科学价值；佛、道、儒三教造像反映了中国宗教、哲学思想和民俗民风；在思想和艺术方面对后世产生了重大影响。”1999年，大足石刻作为文化遗产列入《世界遗产名录》。

精彩纷呈的大佛造像

除大足石刻艺术以外，巴渝人在丘陵起伏的山冈上，利用自然的山势，雕凿了大量佛像，其中10米以上的大佛就有多座，如“潼南大佛”“潼南马龙山卧佛”“合川涞滩大佛”“合川钓鱼城卧佛”等，几近全国大佛总数的1/3。

▲潼南大佛

水下碑林“白鹤梁”

白鹤梁位于重庆市涪陵区城区北的长江江心，本是一道天然石梁，长1600米，宽25米，因常有白鹤停其上而得名。

白鹤梁题刻始刻于唐朝广德元年（763年）前，现存题刻165段，3万余字，石鱼18尾、观音2尊、白鹤1只，其中涉及水文价值的题刻有108段，是全世界唯一的一处以刻石鱼为“水标”，并观测记录水文的古代水文站，故有“世界第一古代水文站”之称。

▲涪陵白鹤梁石鱼题刻

刻石鲤为水标，以它记录枯水变化，预卜农业丰歉，这是涪陵劳动人民的伟大创举。令人敬佩的是，古人铭刻的石鲤水标，和现代水文站测量水位升降数据的原理完全相同。设固定水标系统观测江河的水位变化，迄今不足百年历史，而“白鹤梁题刻”的长江水位记录已有1200多年的连续记载。并从中得出长江上游每隔3年或5年就有一次枯水发生；10年或数10年就有一次较低枯水位；600年就有一次极枯水位出现的结论。成为“长江中最古老的水文站”，不愧为“长江水文资料的宝库”“世界水文史上的奇迹”。

作为文物的“白鹤梁题刻”，古老碑刻居多，有姓名可考者300余人，174段题刻，留下了唐、宋、元、明、清及近、现代1000多年的重要史迹。由于它处于水下，虽经数百年乃至近千年仍字迹清晰，有永久保存的价值。

“白鹤梁题刻”文字质朴，言简意赅。尤其是上百段围绕“石鱼出水兆丰年”的题刻，反复论证了“石鱼现，果在稔”的历史事实。也有“鱼出不节用，年丰难为丰，鱼没知节用，年凶未必凶”“民安即是丰”等不信天而贵人的民本思想。更有“摧伏倭寇，奠定和平，石鱼出兮!”这借石鱼兆瑞而发出掷地有声的民族誓言。

“白鹤梁题刻”计3万余字，篆、隶、行、草、楷诸体皆备，虞、褚、颜、柳、欧各派并存。题记精工细刻，文词优美，部分作品达到书、艺、文三绝的境地。

“白鹤梁题刻”，极富民族风格，颇具神秘色彩，内涵丰富，雅俗共赏，加之地势独特，更显珍贵。

课后探究

1.同学们可以参观位于重庆大足区的大足石刻。在参观过程中，同学们可以选择一件大足石刻中自己感兴趣的石刻造型，回家后查阅资料，为它写一份导游词。

2.搜集大足石刻或其他巴渝石刻的相关故事和传说，来举办一个故事分享会吧!

3.请开展一个有关巴渝石刻的调查，可以是某一个石刻群，也可以是某一个特定的石刻。

关于巴渝石刻的调查报告	
调查时间	
调查地点	
调查方法	
调查人	
报告正文	

第七章

兼收并蓄——川剧

巴山渝水，雄关漫道。远古巴人在雄奇险峻的高山之间，凭着与生俱来的豪情终在嘉陵江畔、长江之滨开天辟地，聚族而居。巴渝儿女与天地一搏的壮志如同瑰丽的花朵，它凝聚着巴山精魄，润泽着巴渝文化，经过千年的积淀，结出了光耀古今的累累果实，而川剧就是其中之一。“演离合悲欢当代岂无前代事，观抑扬褒贬座中常有剧中人”的川剧故事直击人心焕发共鸣，充满魅力的唱腔传递出巴渝文化的震撼力量。

在流传至今的川剧曲目中，我们不仅可以感受舞台上人物塑造的悲欢离合，更可以看到巴渝儿女在岁月更迭中所共同走过的心路历程。在川剧百年的发展中，不仅折射出个人命运、时代变迁和民族兴衰，也表现出了巴渝文化的经典传承与包容创新，虽经岁月长河不断打磨，却大浪淘沙历久弥新。

▲川剧经典表演项目——变脸

今天，就让我们一同走进川剧，感受它的独特魅力吧。

川剧作为一个以表演为中心的地方戏曲剧种，是巴渝地区人民情感、观点、兴趣等审美意识的具体表现。川剧的艺术生命历程，是巴渝人民改造旧世界、创造新世界的社会实践。他们将自身的聪明才智、人格魅力、人生理想等通过身段、唱腔、乐律、脸谱等手法在方寸舞台的演绎中尽情抒发。这种过程同中华民族与巴渝人民的联系与区别一样，既继承与包含了中国戏曲的发展普遍特点，又开拓与创新了川剧自身发展的独特之处。

川剧源头

据考证,川剧的源头,大致起于18世纪的乾隆时期,距今只有200余年。两汉的“巴渝百戏”、隋唐的“蜀戏”、南宋的“川杂剧”、明代的“川戏”或“端公戏”等,实属散流民间的原始戏曲形态。四川戏曲史链的衔接,是清王朝一统江山以后,针对四川人力匮乏、田地荒芜而大力推行“移民填川”活动带来的契机。

四川戏曲呈现出诸腔杂陈的格局,这与清代大量外省移民的涌入有十分直接的关系。清代的“移民填川”运动不仅给四川的人口发展、经济繁荣注入了新的生机与活力,而且给断裂已久的戏曲链带来了重新扣合的契机,并通过会馆或寺庙的常年性、群众性酬神赛事活动活泼地显示出来。例如嘉庆年间杨燮的《锦城竹枝词》记:“新修庙宇佛光开,钟鼓焚香会首来;优扮灵官斋戒后,八抬迎上万年台。”此类记载表明,明末清初不绝如缕的四川戏曲,已通过各省移民在酬神赛事中家乡戏的搬演而得以延续,从此与全国戏曲的发展进程接轨,迈上了戏曲化的历史台阶。

川剧的发展

地方戏生于乡野,演于民间,在愉悦心理的同时,自古就凝聚着道德伦理与价值取向。才子佳人,帝王将相,这是传统戏曲千年不变的母题,然而正是这些戏文演绎的儿女情长或家国情怀,寄托了对正邪忠奸或善恶美丑的集体判断,这是中国戏曲特有的泥土气息和教化功能。川剧作为西南地区的地方戏剧,从它诞生之初也承袭着这一功能。

▲川剧演员表演喷火

清代戏曲在川渝大地的流变进程,可按三个百年划线,分为三个相互联系的不同阶段。

一是18世纪移民高潮迭起的乾嘉盛世“戏曲化”阶段:由于四川居民土客错居,五方杂处,乡语杂错,各尚其俗。相继入川的昆山腔、弋阳腔、胡琴腔、西秦腔等,还处于诸腔杂陈、花雅争胜的格局。

二是进入19世纪以后,移民活动接近尾声而清王朝也由盛及衰的近代“地方化”阶段:由于四川人口的繁衍,经济的发展,交通的便畅,文化的交流以及生存主体劳动方式、生活习俗、审美情趣、欣赏习惯等诸方面的日渐趋同,诸腔剧种一方面随着社会生活的变化而逐渐被解构,另一方面又随着主体性格特征、语言腔调、民间艺术的整合而表现出越来越多新时空的四川“地方性”。道光以后的承平岁月,不仅使根植于自然经济土壤、散布于农村乡镇的戏曲诸腔在传统文化的习习熏风里更加凸现出四川化的衍变趋势,并且还攀附于资本主义萌芽的成长而跻身于中、小城市。

三是光绪年间进入半殖民地半封建社会以后,西方资本主义经济的激烈冲击及农村自然经济的快速崩溃,清王朝应变政策的实施及人民大众反帝反封建意识的日益增强等社会因素,非但没有妨碍戏曲的四川化进程,反倒如风助火,为诸腔戏班伶人提供了向成都、重庆等中心城市云集的契机,呈现出商业化、城市化、同一化的态势。

自此,散流于四川民间而长期处于渐变状态的近代戏曲,在“改良戏剧,辅助社会教育”的时代呼声中,汇入了20世纪市民文艺的大潮,进入了与时代同步、与人民同心的“现代化”准备阶段——由表现主体传统性格、语言、音乐等“地方风格”外在特征而向表现主体现实思想、情感、意志、理想等“地方本质”内在特征转型的从量变到质变的第三阶段:在维新与改良社会意识的不断渗透中,一个个以传统古典戏曲形式为包装,以反映四川生存主体现实感受与认识为内容的时装戏、新编古装戏等“旧瓶装新酒”的“改良剧目”应运而生,一个注入了近现代变革精神与反帝反封建意识而被后世称为“川剧”的巴蜀地方代表性剧种,也悄然在“地方风格”与“地方本质”相契合的历史进程中,孕育形成于“四川戏”的母腹。

川剧的突出贡献

1937年7月7日，中华民族全面抗战开始。同年11月南京国民政府发布《国民政府移驻重庆宣言》，12月初重庆国民政府开始办公，随后半月南京沦陷。至此，重庆作为战时首都，成为中国抗日民族统一战线的重要活动舞台。随后许多文艺团体迁川，大批的进步文艺工作者转移到了大后方。重庆成为全国文化人才荟萃的地方。

在抗日救亡运动的号召下，各界人士团结协作，积极参与各类抗日救亡活动，作为抗敌宣传的重要武器，戏曲活动也逐渐蓬勃地开展起来，特别是话剧运动的迅猛发展，使以重庆为中心的四川话剧运动发展到其鼎盛时期。而作为地方戏曲的川剧，还停留在混乱的状态中，上演的剧目内容带着浓重的传统色彩，显然不符合时代的要求，加之剧本结构松散，过场戏太多，而语言又太文雅，使人无法明白其意，或者同剧中人的身份不符。因此，其内容和形式与时代的发展存在着很大的距离，使得川剧艺术渐失淳朴优美的原貌，观众日渐稀少，虽然也有人力图以改良的方式使川剧走出困境，但在当时的历史背景下，却苦于寻找不到一条真正能够挽救川剧脱离危机的途径。大众在抗战时期对川剧落后于时代的现状极为不满，不断发出要求改革川剧的呼声：川剧必须改良，改变其落后面貌，力争使川剧能与新文艺团体一起走在抗战文艺运动的前列。

▲现代川剧《杨汉秀》剧照

1941年是抗战时期重庆川剧比较活跃的一年。在连续不断的革命文艺活动的影响和带动下，川剧界逐渐打破了消沉已久的局面。这期间，文艺界的一些著名人士也相继在报刊上撰写文章，《新华日报》《新蜀报》《文艺阵地》等报刊，都相继发表了周文的《谈四川戏》、田汉的《〈柴市节〉〈情探〉〈断桥〉——川剧与戏感之一》，贺绿汀的《关于〈活捉王魁〉》，石凌鹤的《川剧漫谈》和《关于楚剧研究》，刘念渠的《旧型戏剧简记》和《抗战与旧型戏剧》，龚啸岚的《旧剧改良问题》，马彦祥的《旧剧抗战》，柳倩的《川剧初论》，张德成的《漫话川剧》等有关认识与改革传统地方戏曲的文章，从而形成了川剧史上前所未有的一场“文化复兴”运动。通过这场复兴运动，川剧不仅改变其以前的混乱状况，挽救了自身的危机，对川剧的健康发展起了积极的推动作用，也使川剧在抗敌宣传队伍中，成为一支生力军。

时光不歇，生活不止，古老的川剧，经过时代的霜刀雪剑，走过百年的飘零乱世，至今都保存着独有的深情绵邈。它给了巴渝儿女不离不弃的温情和护佑，当风雨来临，灯火阑珊，舞台上传来的这个绵长之音，给每一个贫困或高贵，平凡或伟大的生命，传递着亘古不变的温暖与慰藉，希望与力量。

课后探究

1.川剧博采众长，历经百年打磨，已经衍生出许多分支，请开展一个关于川剧流派的调查，拓展更加丰富的知识吧。

关于川剧流派调查报告	
调查人员	
调查时间	
调查方法	
调查流派数	
报告正文	

2.重庆至今仍有很多川剧团在开展川剧表演，请有条件的同学去观看一场川剧，并在观看后完成下列表格。

川剧观后感	
演出剧目	
观看时间	
观看地点	
剧情梗概	
观影感悟	

第八章

大气磅礴——川江号子

巴渝文化是中华灿烂文化的重要组成部分。巴渝文化中孕育的民歌，根基深广，绚丽多彩，折射着巴渝人的生活与精神。其中，巴渝民歌中的川江号子，在千百年船运中饱含着不畏艰险、勇闯急流、拼搏奋进的精神，是巴渝人文精神的典型体现。川江号子从巴渝历史的纵深中流出，在劳动人民的血脉里流淌，它是巴渝文化的精魄。江河的险滩恶水铸就了巴渝船工的胆识、坚韧和智慧；荡气回肠的号子声，震撼山河、催人泪下，这是人与天地搏斗的生命之歌，是巴渝文化中的川江绝唱，更是巴渝儿女献给世界民族音乐的一颗璀璨明珠。

所谓川江号子，就是在举世闻名的长江三峡上，船工和纤夫们为了协调步伐、壮胆鼓气，而发明的许多不朽的船工号子。从重庆至湖北宜昌之间660千米航道上，有阻碍航行的311处险滩，像青滩、泄滩、崆岭滩、兴隆滩等有名的"鬼门关"就有37处。在机器船进入三峡之前，木船要通过这些险滩，全靠船工和纤夫的人力，所以，统一动作和节奏就显得非常必要，这便是川江号子诞生和发展的背景。川江号子慷慨激昂，阳刚雄性，既是技术活又是艺术活，随着川江号子逐渐淡出川江航道，为了使这门艺术瑰宝不成绝

▲川江上拉纤的纤夫

唱，一批有识之士开始整理川江号子，并致力将其搬上舞台，老船工陈邦贵就是其中之一。在1987年的法国阿维尼翁艺术节“世界大河歌会”上，71岁的陈邦贵和同伴们演唱的川江号子，震惊了所有听众；2008年奥运会期间，川江号子从朝天门唱到了天安门；2010年上海世博会，川江号子从长江头唱到了长江尾。川江号子犹如一个浓缩了的情感世界，不仅代表了那个时代船工、纤夫的心声，也成为中国传统音乐文化的重要组成部分。

▲奔腾不息的川江

看一看

任何一门艺术，其起源与形成都与人类的劳动生产与生活密切相关。川江号子作为一种民间歌谣，也必然起源于三峡地区船工们的劳动与生活中。首先与三峡地区特殊的地理环境有关，川江由于其水急、湾多、滩险且地貌复杂，给行船造成许多困难，船工为了协调步调并给自己打气，于是唱出了许多不朽的川江号子。其次是与三峡地区的人民能歌善舞的习俗有关，巴渝舞、巴人歌是三峡地区民俗民歌的源头，川江上船工们的“饥者歌其食，劳者歌其事”的习惯，就与他们能歌善舞有关。再者是与三峡地区人直率、豪爽的性格有关，川江号子俗称“喊歌”，喊起来声调高亢，山呼水应。在不同的江段、不同的水势中，号工要唱不同的号子；根据船工劳动强度的大小也有不同的号子。总的来说川江号子有舒缓与激越、轻盈抒情与粗壮沉着的区别。川江号子的词一般是号子工们将各地风情、古迹传说、神话故事、船工生活等方面的内容，进行收集整理加工而成。

▲《川江号子》舞台照

唱一唱

据载，川江号子有26种词牌，百多首唱词，极为丰富多彩。多种“数板”的唱词，往往是由号子头（领唱号子的船工）即兴编唱，号子头根据其嗓音，分为洪亮粗犷浑厚的“大筒筒”、高亢清脆的“边音”等不同流派。千百年来，这些号子流传下来，形成一种历史悠远的传统，所以川江号子又有“长江文化的活化石”之称。

有描述三峡两岸风土人情、古迹物产的号子。

如《跑江湖》：手提搭帕跑江湖，哪州哪县我不熟；“隆昌”生产白麻布，“自流贡井”花盐出；“合川”桃片“保宁”醋，“金堂”柳烟不马虎；“五通”锅盐红底白口，“嘉定”曾把丝绸出；“宜宾”糟蛋豆腐乳，“柏树溪”潮糕油嘟嘟；“牛屎鳊”的矿糕当烛用，“泥溪”板姜辣乎乎；“内江”白糖“中江”面，“资中”豆瓣能下锅；“南溪”黄葱干豆腐，“安定桥”的粑粑搭鲜肉；“泸州”有名大曲酒，“爱仁堂”的花生胜姑苏；“永川”豆豉“古蔺”笋，合江的猪儿粑和罐罐肉；“江津”广柑品种多，太和斋米花糖猪油酥；好耍要算“重庆府”，买得起都卖得出；“朝天门”坐船往下数，“长寿”进城爬陡坡；“梁平”柚子“垫江”米，“涪陵”榨菜露酒出；“石柱”黄连遍山种，“丰都”出名豆腐肉；脆香原本“万县”做，其名又叫口里酥；“夔府”柿饼甜如蜜，“巫山”雪梨赛“昭通”；“奉节”本叫夔州府，古迹“白帝”来托孤；“臭盐碛”武侯显威武，河下摆了八阵图；“石板峡”口水势猛，仁贵立桩往匈奴；言归正传加把劲，再往下走是“两湖”。

这种地域名称与主要物产串连而成的歌，是船工们喜爱的歌谣之一。这种号子，既能帮助人们熟悉运输路线，增强记忆；又能宣传各地物产，起到广告的作用。

有反映船工们战滩斗险的劳动风貌及凄苦悲惨命运的号子。

如《白龙滩不算滩》就是反映船工们不畏困难、战滩斗险的大无畏精神：“联手们：白龙滩，不算滩，捏起桡子使劲扳。千万不要打晃眼，努力闯过这一关。扳到起，要把龙角来扳弯，众家兄弟雄威显，拉过流水心才欢。龙虎滩，不算滩，我们力量大如天。要将猛虎牙拔掉，要把龙角来扳弯。”又如《船工生活真悲惨》反映的就是船工们艰辛的劳动生活：“我们船工的生活真悲惨，风里来雨里去牛马一般。拉激流走遍了悬岩陡坎，头脑打头脑骂血汗吸干。衣无领裤无裆难把人见，生了病无人管死在沙滩。船打烂葬鱼腹尸体难见，抛父母弃妻儿眼泪流干。”当船工看到迎亲的队伍浩浩荡荡，想到自己干活一辈子还孑然一身时，他们唱道：“挣了一滩又一滩，转弯就是泥巴湾。湾湾里头好气派，吹吹打打闹翻天。轿儿抬的是新娘，滑竿坐的舅老倌。老子还是单身汉，无儿无女好心酸……”

▲三峡博物馆展出的渔船

有表达船工夫妻真挚的情爱及调侃异性的诙谐的号子。

如《二四八月天气长》就是此类号子的杰作：“二四八月天气长，情妹下河洗衣裳；清水洗来未汤浆，情哥穿起好赶场。”又如《卷走桡片淹死郎》：“太阳落坡四山黄，情妹出来晾衣裳；衣裳搭在手腕上，手把竹竿哭一场。问你情妹哭啥子，别人有郎我无郎；只因去年发大水，卷走桡片淹死郎。”再如：“今天出门好灵光，看到幺妹洗衣裳。手中拿根棰衣棒，活像一个孙二娘。打得鱼儿满河跑，打得虾子钻裤裆。唯独对我眯眯笑，惹得哥哥我心发慌……”

如今川江段的木船早已被机动铁船所代替，川江上的各种轮船再“不需要用号子声来向狂涛恶浪宣战，鼓舞士气；也不需要用号子声来指挥劳力的均衡和运作的协调一致”，但川江号子给我们留下了一种不屈的精神和无限的艺术魅力。人们需要的是继承和弘扬川江号子中所蕴含的坚忍不拔、团结协作、对外开放的精神，因为它是一笔可贵的精神财富和不朽的文化遗产。

课后探究

1.同学们可以参观重庆磁器口的“纤夫文化展览馆”或三峡博物馆的三峡文化展览厅，去直观地感受川江号子所反映的那个时代。

2.请同学们结合长江航道地图，找一找川江纤夫分布的地域。在假期背上行囊，去走一走川江纤夫们走过的路，去感受下川江纤夫们的坚韧品质与川江号子中的豪迈热情吧！

3.学唱一首川江号子，感受川江号子的艺术魅力。

川江船夫号子（节选）

(二)平水号子

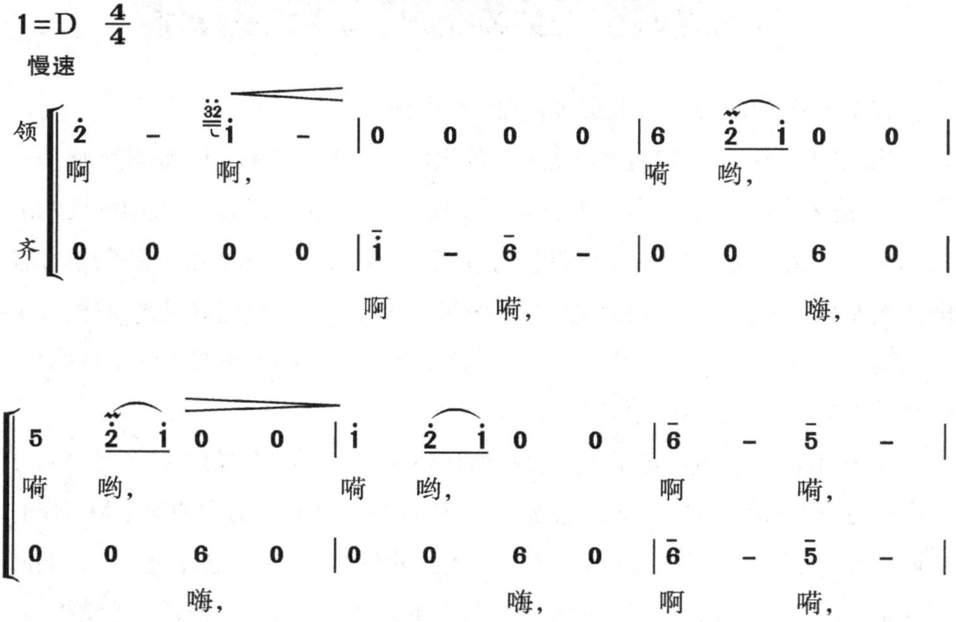

节选自西南师范大学出版社出版《音 乐（简谱）》八年级上册

第九章

时代记忆——巴渝小说

新文化运动后，现代小说迅速发展。作为雅俗共赏深受人们喜爱的文学形式，小说往往是真实世界的写照，不同时期的小说作品都会深深打上时代的烙印。进入民国，尤其是抗战时期，重庆不仅是一座硝烟弥漫的英雄之城，也是一座书香墨溢的文学艺术之城。国内众多作家、艺术家及文艺协会、刊物荟萃于此，创作出一大批文艺精品，抗战文学的扛鼎之作《四世同堂》的前两部就是老舍先生这一时期在渝创作完成的。解放战争时期，重庆作为国统区的坚固堡垒，成为中共地下党组织开展活动的重点地区，也是斗争最为残酷激烈的地区，取材于真实事迹的革命小说《红岩》感动了几代读者。重庆悠久的历史，丰富的文化遗存以及独特的城市空间结构为悬疑类小说的创作提供了灵感，《失踪的上清寺》就是当代城市悬疑探险小说的代表。

《四世同堂》——一部抗战巨著的重庆情缘

《四世同堂》是老舍先生写作时间最长、规模最大的作品，也是抗战文学乃至中国现代文学的丰碑。小说描写了抗战时期北平沦陷，生活在小羊圈胡同里的几个普通家庭的众多小人物由痛苦屈辱、惶惑偷生到奋起反抗的艰难觉醒历程。小说赞扬了中国人民崇高的民族气节与抗争精神，控诉了日本侵略者的残暴罪行，同时也对国民性弱点进行了深刻反思。老舍曾表示：“我自己非常喜欢这部小说，因为它是我从事写作以来最长的，可能也是最好的一本书。”

这样一部抗战经典作品和重庆有着深厚渊源——小说的前两部《惶惑》《偷

生》就是在重庆创作完成的。1937年全面抗战爆发后，国民政府西迁重庆，重庆成为当时政治、军事、文化的中心，吸引各个阶层的代表人物到此生活工作。老舍于1938年8月到达重庆，在重庆寓居8年，期间于1943年6月至1946年2月居住在北碚蔡锷路24号（今北碚天生新村63号“《四世同堂》纪念馆”）。当时生活条件艰苦，住所因老鼠众多而被老舍戏称为“多鼠斋”，艰难的生活环境让老舍身体每况愈下，饱受病痛折磨，但先生仍笔耕不辍，除《四世同堂》等抗战小说外还创作完成戏剧、散文、杂文、诗词和回忆录等各种作品数百篇，近两百万字。作为社会活动家，老舍还积极投入到抗日宣传的文化活动中去。老舍先生以自己的实际行动诠释了知识分子的责任担当与深沉的爱国情怀。

▲1945年老舍摄于重庆北碚寓所外

▲重庆北碚老舍旧居（今为《四世同堂》纪念馆）

你们的糊涂使你们疯狂，你们只知道你们是最优秀的，理当作主人的民族，而不晓得没有任何一个民族甘心做你们的奴隶。中国的抗战就是要打明白了你们，教你们明白你们并不是主人的民族，而世界的和平是必定仗着民族的平等与自由的！

——四世同堂

此时的重庆文人墨客云集，郭沫若、矛盾、巴金、冰心、梁实秋、曹禺、萧红等知名作家都来到重庆，还带动了一批文坛新秀。重庆独特的城市文化性格极大地激发了作家们的创作灵感，许多著名作家在思想深度和艺术技巧上都有显著的进步，创作出许多广为流传的名篇，给当时重庆文学艺术带来了空前繁荣。

《红岩》——一座英雄之城的珍贵记忆

《红岩》是一部讲述重庆解放前夕共产党地下组织与国民党反动派展开残

酷激烈的斗争，尤其是狱中斗争的长篇小说，再现了国民党统治行将覆灭，解放战争走向全国胜利的时代特点。小说成功塑造了江姐、许云峰、华子良、成岗、刘思扬等为代表的共产党员的英雄群体形象。他们所体现的革命者视死如归的牺牲精神、对理想信念矢志不渝的追求感动了一代又一代的读者。作品一经面世，立即引起轰动，从1961年出版至今，发行量超过一千万册，是新中国发行量最大的小说。同时被译成多国文字发行，拥有众多异域读者。

▲小说《红岩》封面

为了缅怀先烈教育青年，作为重庆“中美合作所”集中营的幸存者，罗广斌、杨益言与刘德彬亲身经历了黎明前血与火的考验，目睹了许多革命烈士为革命牺牲的壮举，根据这些亲身经历，三个人合作将狱中的经历记录下来，先后完成了报告文学《圣洁的血花》和革命回忆录《在烈火中永生》。在此基础上，罗广斌和杨益言创作了优秀长篇小说《红岩》，1961年由中国青年出版社出版，小说出版后在社会上引起了强烈反响，被誉为“共产主义的奇书”，在国内外为中国社会主义文学赢得了巨大声誉。小说《红岩》所代表的“红岩精神”更是成为重庆这座城市奋发图强、精诚进取的不竭动力与精神财富。

▲渣滓洞外景

▲《红岩》插图中的小萝卜头

《失踪的上清寺》——一座城市的秘密与家国情怀

同学们，如果你喜欢悬疑探秘类小说的话，那《失踪的上清寺》就一定不容错过。重庆悠久的历史、复杂的地形成就了我国第一部以真实的城市历史地理为线索的惊险悬疑类小说。故事讲述了上海女孩徐敏来到重庆，原本打算完成祖父的一个遗愿，意外得到爷爷遗留的十二张藏宝图，在三个重庆人的帮助下，跟随藏宝图的指引，解开了一个个谜团。洪崖洞、湖广会馆、佛图关、鹅岭、南山……这些大家再熟悉不过的地方都是寻宝的线索，书中巧妙串联起重庆的城市历史，从传说中的大禹治水到张仪筑城，从大夏国皇帝明玉珍到建文帝流落重庆，从重庆开埠到解放……重庆数千年的历史和城市变迁尽在其中。书中还展现了人性中善与恶、无私与贪婪、仁义与卑劣的角力以及生死抉择时国与家的取舍。爱重庆、爱历史的小说作者罗渝还把呼吁大家重视文物保护的良苦用心渗透在小说当中。小敏的爷爷到底给她留下了什么无价之宝？希望大家能有机会去阅读这本书，开启一次刺激的都市探险之旅！

▲小说《失踪的上清寺》

诞生于巴渝大地上的小说作品，除了以上不同类型的经典代表，还有异常精彩的武侠小说。民国时期长寿人还珠楼主（李寿民）创作的神话武侠小说《蜀山剑侠传》光怪陆离、大气磅礴，对后世武侠小说泰斗如金庸、古龙等影响巨大。当代江津籍作家聂云岚改编创作的《玉娇龙》也是武侠小说中的上乘之作。

巴渝小说作为巴渝文学的重要组成部分，书写着时代的印记与山城的品格，值得我们细细品读。

课后探究

1.阅读与思考

小说《红岩》中主人公许云峰机智沉着，具有超人的胆识和卓越的领导艺术，在革命即将胜利的关键时刻，把生的希望留给战友而从容就义。其原型是重庆地下党负责工人运动的书记许建业。许建业入狱后，轻信了特务看守陈远德而将重要的情报告知他，间接导致重庆地下党几乎全军覆没。许建业因此痛不欲生，在狱中三次碰壁，撞得头破血流自杀未遂。1948年7月21日，许建业在大坪刑场被公开枪杀。在押往刑场的路上，他一路高唱《国际歌》，高呼“中国共产党万岁”。

思考：小说等文学作品可以作为历史研究的资料吗？对历史研究有价值吗？如果有价值，在使用的时候需要注意什么问题？

2.某作家协会的成员要来重庆采风，请你推荐能够代表重庆地方特色和人文价值的旅游线路并规划行程。

3.小说《红岩》的影响力巨大，如何能印证这个结论呢？调查报告是一种不错的研究手段。请采访你的亲人、师长、同学，让他们谈谈读完《红岩》这部作品后的阅读体悟。

采访对象	年龄	职业	是否知道或读过《红岩》	印象最深刻的人物或事迹
结论：				

思考：你的调查结论和预设的结论一致吗？如果一致说明什么？如果有偏差，分析造成偏差的原因。

第十章

溢彩流光——巴渝影视

巴渝文化历史悠久、绚丽多彩，是中华灿烂文化的重要组成部分。巴渝影视虽然历史较短，却以其独特的视角、广泛的传播度、强大的影响力在巴渝文化上耸起一座丰碑。

在光与影的变幻中，每一句台词，每一个场景，我们似乎可以窥视到巴渝文化在千百年来发展的脉络。铜梁龙舞、黔江摆手舞、小河锣鼓、川江号子、巴渝吹打、秀山花灯、九龙楹联、广场故事、梁平三绝……似乎都能在影视剧里找到其踪影。

巴渝影视的起源

1905年，中国第一部电影《定军山》在北京丰泰照相馆诞生，著名京剧老生谭鑫培在镜头前表演了自己最拿手的几个片段。片子随后被拿到北京前门大观楼熙熙攘攘的人群中放映，一度万人空巷，就此宣告中国电影的诞生。

重庆电影放映，始于1912年。希腊人赫德希带来放映机和影片数盘，在城区桂花街放映，吸引了部分观众。1926年，留法学生吴特生、卢丕漠在重庆拍摄革命阵亡将士追悼会、庆祝北伐胜利纪念会及学生示威大游行等本地新闻短片，为重庆电影拍摄之始。

1937年7月7日，中华民族的全面抗日战争爆发，11月中旬，上海淞沪抗战失败已成定局，首都南京承受了前所未有的压力，国民政府以及国民党中央客观地认识到了南京已经无法继续坚守的现状，因此提出了将国民政府迁到重庆的重大决定。重庆被确立为战时首都，大批电影精英来渝，重庆成为电影重镇，影市空前繁荣。1938年初，国民政府下属的中央电影摄影场从芜湖迁来重庆，其旗下拥有的赵丹、白杨、魏鹤龄、王人美、吴茵、顾而已、金焰、高占非、沈西苓、孙瑜等一批优秀电影工作者，随同迁入重庆。1938年9月27日，中央制片场也由武汉迁来重庆，选址观音岩纯阳洞。在郭沫若和阳翰笙的领导下，成为当时大后方规模最大、实力最强的制片基地。大批电影制片厂和电影精英来渝，使重庆一时成为电影重镇。

大批电影精英来渝，这无疑让抗战时期的重庆电影获得了注入式发展，使当时重庆的影市十分火爆。“中电”出品的影片每月平均有7万人观看，换言之，每天有2000余观众。抗战期间，重庆摄制的纪录电影也达到中国电影史上前所未有的高点，涌现出大量品种丰富的纪录片。当时重庆出品的每一部影片都是抗战的有力武器，《中国电影发展史》一书曾评述重庆电影业，“这时期的电影无不宣传了抗战思想，描写了抗战现实。发动群众抗战，表现全国各民族各阶层人民参加抗战，构成了这一时期抗日电影创作的基本主题。”

这一时期著名的影片有《孤城喋血》《中华儿女》《长空万里》《克复台儿庄》《重庆的防空》《保卫我们的土地》等。如《保卫我们的土地》这部影片塑造出了一个普通的农民在屡次遭受侵略者的破坏与掠夺之后，被逼无奈最终开始反抗的故事。为我们展现出了我国人民在民族危亡的时候，最底层的人民也会站起来，投身战场，成为我国抗战大军中的一员。展现出了中华人民特有的民族精神，为弘扬民族的坚韧、奋发的精神而创作。

建国初期的巴渝影视

建国初期的巴渝影视多以抗日战争、解放战争为题材，仍然有浓烈的“红色”气氛。如《烈火中永生》《报童》《江姐》《重庆谈判》《席卷大西南》《巴山夜雨》等一系列红色题材电影深入人心，烙印着重庆深刻的抗战文化与精神内核。

以电影《报童》为例，这部拍摄于1979年的彩色故事片，以“皖南事变”后重庆复杂尖锐的斗争为历史背景，以发行载有“皖南事变”真相的《新华日报》为主线，真实而又集中地再现了在周恩来同志的直接领导下，共产党人和革命报童对国民党反动派展开的一系列惊心动魄的斗争。影片从一个侧面揭露了蒋介石反革命、反人民的丑恶面目，歌颂中国共产党团结一切进步力量坚持抗日救国的伟大斗争。《报童》就在重庆老魁星楼、老临江门等处取景拍摄。《报童》这部电影是“文革”后创作的优秀儿童剧之一，同时也是电影工作者和广大观众献给敬爱的周总理的一束纯洁的心花。

▲电影《报童》海报

浩气长存的红岩文化、同仇敌忾的陪都文化、坚贞不屈的抗战文化，既是电影取材与拍摄的源泉，也是彰显重庆文化的有力脉搏。

巴渝影视的第二个高峰

电视晚于电影诞生，中国电视剧发端于1958年的《一口菜饼子》，20世纪80年代初进入发展期。这一时期，重庆电视台顺应全国电视剧蓬勃发展的大好形势，拍摄了大量的电视单本剧，如《烛光曲》《案件发生以后》《冲出地平线》《秋月》等。这当中尤以20世纪80年代中期的《希波克拉底誓言》和《巴桑和她的弟妹们》成就最为突出。

▲电视剧《山城棒棒军》海报

1996年，重庆电视台拍摄推出了方言电视剧《山城棒棒军》。该剧以改革开放后大批农民工进城为背景，以“棒棒儿”这一充分反映重庆地理特征的特殊人群为表现主体，展现了他们的生存状况以及与城里人在摩擦中发生的温情故事。该剧当时在重庆地区的收视率高达百分之四五十，成为一个至今都无法超越的经典，以致很多人戏谑重庆电视台为“棒棒军电视台”。它曾获得全国新时期(1986—1996)优秀电视喜剧奖和1996年全国“五个一工程奖”两项全国性大奖，以及1996年重庆市“五个一工程奖”和1996年四川省电视评比一等奖两项大奖。它首播时所引起的轰动效应超过了以前任何一部方言剧，曾多次在本地和外地电视台重播，且收视率一直很高，甚至还曾被带到美国、韩国等地，这不仅是方言剧，甚至是整个重庆电视台制作的全部节目第一次在全国产生如此大的轰动效应，为重庆电视台及所有川渝方言剧的发展及走向全国做出了重要贡献。此后，多部川渝方言影视剧纷纷上马，形成了空前高涨的创作局面。

《爬坡上坎》《奇人安世敏》《方脑壳的故事》《老坎客栈》等都是观众耳熟能详的作品。在当时，可供人们观看的电视节目种类和数量都比较少，这些方言电视剧大量采用本土明星，讲述重庆本土的故事，贴近生活，贴近百姓，风格轻松搞笑，在展现巴渝风土人情的同时，也给人们带来了新鲜感，因此这些电视剧不仅受到重庆本地观众的喜爱，也受到了全国观众的追捧。方言电视剧一度成为重庆本土电视剧的代名词。

应该说，这是继抗战时期以后巴渝影视剧的第二个高峰。在这一时期，重庆本土电视剧在表现体裁、艺术风格、创作群体等方面都形成了自己独特的风格，尤其是方言电视剧，它的起步实际上要远远早于后来影响更大的东北方言电视剧。

三 ‖ 新时期的巴渝影视

城市是精神和记忆的容器，伴随着20世纪90年代以来中国城市电影的振兴，影像在记录城市面貌巨变的同时，也构建起以现代都市为标志的新兴人文精神坐标和社会网络。重庆以其云山雾绕、两江环抱的自然风光和独特的历史文化景观在众多的城市中脱颖而出，成为电影制作的新宠。随着以重庆作为剧情背景和叙事线索的电影作品的增多，传统古朴的巴渝文化、梦幻璀璨的半岛夜景，逐渐成为银幕中都市景观的新焦点。据不完全统计，截至2016年，在重庆拍摄的电影已超过200部。

2006 年，一部小成本影片《疯狂的石头》横空出世，如一匹黑马杀入了观众的视线，反响热烈。与影片一同出名的，是片中重庆的嘉陵江索道、罗汉寺、解放路等场景，一时间引发了人们极大的兴趣与热议。《疯狂的石头》导演宁浩说："重庆给我留下的第一印象是它的气候。我们当时住在一个半地下室里，房间湿热，让人感到躁动，这种感受正是我需要影片中的人物体验的。然后便是重庆人，所有的人都是山城的那种性格，嗓门很大，每天吃麻辣烫，很直爽。我觉得这样的人最具备产生各种各样故事的可能性。一方水土养一方人，我随即决定整个电影的对白都使用重庆方言，让整部影片的地域气息更加明显。"

▲ 电影《疯狂的石头》海报

独特的地形地貌、独特的人文景观、独特的风土人情、独特的气质性格，巴渝文化培育了重庆人的城市精神，导演们到了重庆，总能发现与他的影视中气质相符的元素，总能有新的惊喜。尤其是在重庆直辖以后，有很多新兴的文化元素等待着电影人去探索与挖掘，如直辖过程中的典型故事、继往开来的都市风采、海纳百川的两江新区文化、活力四射的直辖文化景观等，这些都是建构与彰显重庆城市形象的文化符号，通过这些能够凸显重庆人吃苦耐劳、积极进取的创业精神；赤胆忠心、乐观豪爽的粗犷雄风。

▲ 刘德华在永川茶山竹海拍《十面埋伏》

▲《日照重庆》在长江边拍摄

伴随着重庆的直辖，重庆电影的发展取得了无数令人瞩目的成就，贾樟柯、王小帅、张一白的重庆影像纷纷出现在国内外各大电影节上，重庆正以全新的城市形象突破以往海派和京派影像文化的垄断。在当代电影中，重庆是一个正被发掘、被书写的城市，重庆独特的自然地貌和人文景观成为影像中重要的展示对象，在时代的变迁中呈现出复杂多变的文化含义，所折射的是现代都市中人们精神情感上的跌宕起伏，隐喻着流逝的时间刻在巴渝文化上的印迹。

▲《变形金刚4》在武隆取景

▲《火锅英雄》剧照

课后探究

1.在重庆这片热土上,拍摄过许许多多经典的影视作品。请同学们参考下表将20世纪不同时期最具代表性的作品做一个整理。

时代	作品名称	特点
20世纪初		
20世纪30年代		
20世纪50年代		
20世纪60年代		
20世纪70年代		
20世纪80年代		
20世纪90年代		

2.近年来以重庆为题材或者在重庆拍摄的电影很多,请你选择其中一部并介绍其中所蕴含的巴渝地方特色。

关于巴渝题材电影的搜集	
电影名称	
拍摄地点	
拍摄时间	
主演	
特色	

第三篇

历史遗存

第一章

曙光初现——远古文化遗存

在中华大地的版图上，何处能寻找到中国最早的古人类？80年代末期有关重庆巫山人遗址的重大发现，曾一度轰动世界。经过国内外有关学者多年来的研究，证实在“两岸猿声啼不住”的长江三峡的巫峡一带发掘出的是古人类化石，这就意味着巫山人是我国迄今发现的中国最早的直立人。

巫山猿人是一道异常靓丽的倩影，他们从远古时期就开始生活在重庆这块热土之上。巫山猿人化石的出土填补了我国早期人类化石的空白，非常有力地挑战了“人类起源非洲说”，也显现了其在人类起源史和长江及三峡河谷发育史研究上极高的科学价值。

远古人类在巴渝地区繁衍生息，留下了许许多多的远古文化遗存。比较重要的有巫山龙骨坡古人类遗址（214万年前）、九龙坡玉龙公园旧石器遗址（140—100万年前）、丰都烟墩堡旧石器遗址（73万年前）、巫山玉米洞遗址（至少40万年前—1万年前）、丰都高家镇旧石器遗址（14万年前）、奉节兴隆洞古人类遗址（13万年前）、铜梁西郭水库旧石器遗址（3万多年前）、巫山大石洞古人类遗址（旧石器时代与新石器时代过渡阶段）等。

这些远古文化遗存为我们清晰地再现了远古人类的历史进化脉络，是我们了解远古人类生产生活面貌的钥匙。

历史遗存

巫山龙骨坡、巫山玉米洞、奉节兴隆洞、云阳县石盘镇龙安村大地坪新石器遗址、巫山县长江瞿塘峡南岸的大溪遗址等。

▲ 巫山龙骨坡考古遗址发掘现场

实践活动

梦里巫山，让我们来寻根

活动目的

同学们，我们所居住的城市——重庆是一座有着深厚历史积淀的城市。巫山猿人，已经成为追寻民族自豪感的一座丰碑。追溯重庆的历史就必然会联系到巫山人，因为它已经刷新了中国远古人类的历史。

在重庆的周边区县内，分布着许许多多远古人类的文化遗存。今天就让我们走进位于巫山县的龙骨坡，走进古人类化石“直立人巫山亚种”的发掘地，去了解她的历史吧！

巫山猿人有着怎样的历史？巫山猿人的发掘是怎样影响着中国和世界的？现在重庆还有哪些与远古人类相关的考古场地？

同学们，请你走进巫山龙骨坡，了解考古发掘，感受原始文化；搜集有关巫山猿人的历史、传说和故事。

请你问一问、记一记、画一画、说一说、写一写，你一定会有不一样的收获！

活动准备

准备好地图以及能上网的电脑、相机、纸张、笔等。开始巫山之行吧！

问题与思考

1.你去过巫山龙骨坡吗？你知道巫山人是现在重庆已知最早的居民吗？

2.你去过三峡吗？三峡地区在200万年前的地形地貌与今天一样吗？你如何看待巫山人与三峡地区自然环境之间的关系？

活动指引

一、制定活动计划

1.成立活动小组。

按照研究对象，成立以巫山猿人考古遗址、历史、故事等为主题的活动小组。

2.各小组制定活动研究计划。

研究对象		研究时间	
研究人员			
研究内容			
研究方法			
备 注			

3.了解巫山猿人有哪些途径呢？

(1)上网查找

(2)亲自到巫山龙骨坡走走看看

(3)问问周边的居民

……

二、活动开始

各小组依据计划，合理分工，搜集整合资料。

小组分工落实表

姓名	任务	成果

小组活动报告

研究对象		研究时间	
整合资料			
成果形式			

三、成果展示

各小组展示成果(可以是录像、图片、文集等)。

◎现在我们明白了,巫山猿人有着这样震撼的历史:

◎我们看到巫山龙骨坡发掘现场的各种化石,有……

◎我们听说巫山猿人不少的故事、传说……

◎ 收获与体会

通过这次活动,我的收获很多,具体来说,主要有:

活动延伸

1.巫山猿人是如何挑战“人类起源非洲说”的?

2.将搜集到的有关故事讲述给大家。

第二章

历史溯源——多彩巴国

巴渝，简单的两个字，却有着不简单的故事。它得名于巴山渝水，这是一个以“巴文化”而著称的古代文明。在古代巴国的土地上，多彩巴国的故事至今仍在传唱。

早期的巴人活动于鄂西，以恩施为中心。大约在公元前12世纪前后，巴族的一支迁移到长江、嘉陵江交汇之处的古江州地区（今重庆），在此开始了繁衍生存。正是在这大山大川的自然环境熏陶下，铸就了以勇武著称的巴人顽强、坚韧和彪悍的性格。约公元前1046年，周武王率领大军推翻了商纣王的统治，建立了西周。作为武王伐纣大军的先锋，史书记载“巴师勇锐，歌舞以凌殷人”，立下了赫赫战功。

此后，周武王分封天下，巴氏被封为子国，建立了一个以巴族为主体的奴隶制国家——巴国。巴国强盛的时候，疆域东到奉节，西至四川宜宾，南到贵州北部，北及陕西汉中。在春秋时期，它与东面的楚国、西边的蜀国、北边的秦国都有所交往。战国初期迫于楚国的压力，举国迁至长江干流，先后在清江、川峡之间至川东一带立国。公元前316年，秦国派大夫张仪带兵攻破巴国国都江州，巴王被俘，巴国灭亡。公元前314年，张仪经秦王批准，将原巴国地区置为巴郡，并下辖若干县，其首府定于原巴国都城江州，筑城为据。

在漫长的历史中，巴国人民在极为艰苦的生活条件下，自强不息，世代繁衍。他们斩蛇蟒，射虎豹，猎牧捕鱼，开荒种田，兴修水利，发展农业，极大地促进了川东地区经济文化的发展。巴渝人民也因此创造出了灿烂辉煌的巴文化并传承至今。

▲三峡博物馆十大镇馆之宝之一——虎钮錞于

历史遗存

巴蔓子墓、龙河悬棺群、小三峡悬棺群、冬笋坝遗址、忠县干溍井沟、云阳李家坝、巫山双堰塘、涪陵小田溪上古巴王陵墓。

实践活动

忠烈千秋魂——巴蔓子将军墓

活动目的

同学们，巴渝大地在过去的几千年时间里，创造出了辉煌灿烂的巴渝文化。重庆，作为巴渝文化的核心城市，承载了许多的传说与故事。在这里，有"剑弩齐列，戈矛为之始。进退疾鹰鹞，龙战而弱起""退若激，进若飞。五声协，八音谐"的巴渝舞蹈；有名扬古今，色清味重，被誉为酒中上品的"巴乡清酒"；有古朴凝重，崇尚勇武的巴人风情；这里还有"比翼齐飞""巴蛇吞象""白虎神话""廪君传奇""巫山神女""盐水神女"的巴人神话传说。

在重庆的渝中区，就有着这样一位英名传唱巴渝大地的千古英雄，他静静地看着这座城市兴起、发展、繁荣。他的名字被写入史书，他的故事被传唱至今，他就是"刎首留城""忠信两全"的巴蔓子将军。

同学们，你们知道战国时期巴楚攻伐的故事吗？你知道今天渝中区七星岗路基下那静静伫立的巴蔓子将军墓吗？在巴蔓子将军故事的背后，我们能否从中看到古代巴国的兴衰更替呢？今天的重庆，还有哪些古巴国的历史遗存值得我们去研究呢？

同学们，让我们一起去找寻当年巴蔓子将军的传奇故事，一起去感悟巴蔓子将军忠烈千秋的爱国精神。请大家整理好资料，走近巴蔓子将军墓，了解将军的故事，感悟爱国情怀，找寻巴国遗迹。在探索的过程中，你可以用笔记录自己的感悟，用心感受自己的成长。

同学们，还等什么？行动起来吧！

活动准备

1.准备阶段：确定课题，如“忠烈千秋魂——巴蔓子墓寻踪”，拟定活动方案。

2.研究阶段：利用网络、图书馆查阅关于巴国和巴蔓子的相关资料；准备进行实地考察；整理、分析、筛选信息。

问题与思考

1.你知道巴国的起源与发展吗？你知道巴蔓子将军故事的历史背景吗？你知道哪些有关巴国历史记载的文化典籍呢？

2.除了巴蔓子将军墓，我们身边还有哪些古巴国留下的遗迹呢？这些遗迹与今天的重庆又有哪些联系呢？

3.关于巴蔓子将军的葬身之处，是一个历史上的千古之谜。你能通过自己的调查、考证，去了解相关知识吗？

活动指引

一、制定活动方案

1.成立活动小组，制定研究计划。

在确定好研究课题的前提下，成立与巴蔓子将军墓相关的主题活动小组。各小组根据本组实际研究内容，确定内部人员分工，制定相应研究计划。

研究主题		研究时间	
研究人员			
研究内容			
备 注			

2.准备研究资料，确定研究方法与形式。

(1)研究资料收集，内容可以多样化。例如对巴蔓子墓的地理位置考证，巴国历史的溯源，巴蔓子生平的介绍等。

(2)确定研究方法，途径可以多样化，如：民间采访、实地考察、查阅资料等。

(3)活动形式上可以有多种方案。例如关于巴蔓子将军故事的演讲比赛、诗歌朗诵、主题班会等。

二、活动过程

1.各小组依据计划，合理分工，搜集整合资料。

姓名	任务	成果

2.展开实地调研或资料汇总后的文本研究，形成研究成果。

研究对象		研究时间	
整合资料			
成果形式			

三、成果展示(示例如下)

歌蔓子，咏忠义

(巴蜀中学　李依阳)

仰首是春，俯首是秋，奈何时光匆匆？一诺千金，赤色忠心，长眠于地悠悠。时光的韵脚下，一切沧海桑田，却仍有一缕忠魂，仿佛如影随形。

历史的眼光浅浅地，含蓄地照在了他的故事上……

为保国，三城为楚酬

他是东周末期巴国的将军，巴蔓子。在他的时期，巴国已经走向了衰落。各个贵族在此时为索取经济利益发动了武装叛乱，国家危难，民不聊生。作为一个将军，他更是急得捶胸顿足，立马从驻守的巴国东部边境赶回国都江州救援。但是，他的军队显然无法与贵族武装抵挡。在这十万火急的情况下，他决定向楚国借兵。楚王虽然应允出兵，却要求以三座巴蔓子驻守的城池为酬，并让他的儿子过来当人质。巴蔓子明白楚王是想取得诚信罢，但此来回一翻定会耽搁时间，到时内乱一定不可收拾。于是，他对楚王说："楚王如果怀疑我的诚信，这个兵不借也罢！你如果还相信我，今天就让我把兵带回去。到时候，你拿不到三座城，我把脑袋砍给你。我巴蔓子从来说话算话！"楚王见巴蔓子如此耿直，便同意立即出兵。

乃自刎，以头授楚使

在楚兵的帮助下，巴国恢复了国内秩序，又过了几月，楚王派使臣向巴蔓子索要三座城池，兑现当初的承诺。巴蔓子却说："不错，当初我的确答应过楚王。但那是他趁我国遭遇危机强加的条件，我作为将军本身守土有则，岂能私下将三座城池让给外国？不过尽管如此，我也会信守承诺，城不可割，但我的头可以割，用我之头，充我之城，以谢楚王，这样可以吧！"说罢，便自刎。楚王知晓后，感动万分，便以上卿之礼，埋葬了巴蔓子将军的头颅。

忠于国，英名遍巴渝

巴蔓子将军死后，被誉为民族之魂，一直被后人赞颂。他的塑像立在重庆，庄严而又威武，流传千古，尽管轻风微寒，也催人前来。无话可说，面对那样一颗忠于巴国的心，只有静默。久久凝视将军的塑像，久久品味那民族之魂的传承。

歌起歌落几番赞？
蔓子将军承国魂。
子孙后裔敬忠心，
咏试题曲扬精神。
忠于爱国之心，义于一诺千金！

秋又消逝，歌声已邈远。万年虽如烟，忠义犹凝心。

歌蔓子，咏忠义！

活动延伸

巴蔓子墓由于其年代久远，地理位置稍显偏僻。你能为大家绘制一幅简单的参观路线图吗？

◎收获与体会

◎通过这次活动，我的收获很多，具体来说，主要有：

◎ 活动拓展

1.巴蔓子将军墓是重庆市第一批市级文物保护单位，去搜集查阅重庆市市级文物保护单位名录，从中选取一例做简单介绍。

2.介绍巴蔓子将军墓以及重庆市内与巴国历史有关的其他遗迹。调查了解它们的来历。

3.将搜集到巴国或巴蔓子将军的有关故事介绍给大家。

4.针对巴蔓子将军墓的文物保护等问题，谈谈自己的见解。

◎信息库

1.参考书目

孙善齐、杨耀健编著:《巴渝轶闻掌故》,重庆出版社,2004年版

周勇主编:《重庆通史》,重庆出版社,2014年版

重庆市教育科学研究院编:《重庆历史(上)》,西南师范大学出版社,2012年版

蓝勇等编著:《巴渝历史沿革》,重庆出版社,2004年版

2.相关网站

新华网重庆频道:http://www.cq.xinhuanet.com/cq/index_kk.htm

百度百科:http://baike.baidu.com/

第三章

初步发展——秦汉隋唐

在今天的川东和重庆大部分地区，巴郡郡制从战国后期一直沿用到秦汉。秦汉时期，是巴渝地区由奴隶制向封建化逐渐转型的重要时期。政治方面，由一个奴隶制王国转变为大一统封建国家统治下的郡级行政区，受中央政府直接管辖。同时，中原文化进一步传播，促进了社会的进步，为以后文化的兴盛打下了一定的基础。随着社会经济的发展，巴郡的人口有了大幅度的增长，西汉元始二年（公元2年）时人口达70余万，到东汉永兴二年（公元154年）人口达187万。

秦灭巴国后其守将张仪于公元前314年始筑江州城，改变了巴国以山为城的传统，这是重庆有城之始。秦汉时期，江州逐渐成为一座繁荣的城市，城市已有相当规模，人口稠密，水运发达，商业兴盛。

三国时期，由于重要的地理位置，重庆地区成为兵家必争之地。蜀军在猇亭战败后，刘备退守奉节白帝城，将太子刘禅及整个蜀汉政权都托付给诸葛亮，这就是著名的“白帝城托孤”。此后，蜀国李严任江州都护时曾扩建江州城，史称“李严大城”，其规模已达到了明清时期重庆城的大小，是重庆城市发展史上的重要一笔。

此后，无论是西晋、隋朝还是唐朝，在消除割据完成统一的战争中都借助了巴渝地区的力量，派遣水师顺江东下，进而得以统一全国。

隋文帝开皇九年（589年），因嘉陵江古称渝水，所以改江州为渝州。隋唐时期，国家统一，社会安定。巴渝地区的经济也得到较大的发展。唐代渝州已是中国西南名城，水陆要冲，可以东下荆楚，西进成都，南走滇黔，北上汉中，是控扼这一区域军事、文化、经济的重镇和交通枢纽。

唐代诗歌鼎盛。巴渝地区风景雄奇秀丽，引人入胜。李白、杜甫、王维、白居易等著名诗人均曾停留于此赋诗。李白名诗《峨眉山月歌》："峨眉山月半轮秋，影入平羌江水流。夜发清溪向三峡，思君不见下渝州。"就是指名题咏渝州的诗词。

历史遗存

乌杨阙、江北盘溪无铭阙、奉节白帝城、云阳张飞庙、甘宁坟、严颜墓。

实践活动

探寻乌杨阙之美

汉代是中国古代建筑的成熟时期，其中"阙"是古代建筑体系中极为重要的一种建筑形象。汉代是建"阙"的主要时期，乌杨石阙是重庆地区汉魏时期文物遗存的典型代表，出土于重庆忠县乌杨镇，它的发现是我国文物考古领域的重大成果，是我国目前保存最完整的汉阙，距今已有近2000年的历史，属国宝级文物，在三峡博物馆十大"镇馆之宝"中位居第一。

中国古代传统建筑以土木结构为主，不易保存，石阙的石质结构既保留了当时建筑的信息，又经得起时间的洗礼，不但是我国古代建筑的"活化石"，还是我们研究汉代建筑的钥匙。这一对石阙蕴含了古人"天圆地方"的观念和"天人合一"的追求，它能巍然伫立是古代能工巧匠精益求精的雕琢，又是今人执着守护、科学修复的努力，这种跨越时间的古今合力是只有文物才能承载的独特气质。旧时贵胄威严身份的象征，今时博物馆中供大众观瞻的文化符号，历史的进步尽在其中。

▲忠县白公祠中的乌杨阙（仿制）

让我们走进三峡博物馆，走近乌杨阙，去释读古人镌刻在石阙上的信息，感受历史和这座城市深沉的魅力。

活动目的

相信大家都去过三峡博物馆，你是否注意到博物馆中庭那对古朴挺拔的石阙呢？它可是三峡博物馆的镇馆之宝——乌杨石阙。作为古代建筑的乌杨阙有何用途？作为文物的乌杨阙给我们留下哪些历史密码？作为国宝，它有何珍贵价值？它的主人是谁？又是谁促成了这千年后与它的邂逅？我们应该如何欣赏它？

让我们一起走进三峡博物馆，走近乌杨阙，感受汉阙之美，领略古建筑之妙。

活动准备

给学生分组分配好小组任务，通过网络或书籍在参观前了解相关知识，做好功课，参观过程中带好相机（能否拍照遵照馆内提示）、纸张、笔等。

问题与思考

参观前准备：

1.了解阙的历史、作用和基本结构，除了乌杨阙之外重庆还有哪些著名的石阙？

2.探寻乌杨阙的主人，它的主人曾经有着怎样的传奇故事呢？

参观过程中：

1.欣赏乌杨阙，它有何独特价值？

2.在参观三峡博物馆、了解重庆历史的过程中，你还发现了哪些感兴趣的文物？

活动指引

一、制定活动计划

1.成立活动小组。参观活动前，学生分两组分别研究两个准备问题；参观活动时，所有同学参与研究讨论。

2.各小组制定活动研究计划。

研究对象		研究时间	
研究人员			
任务分工			

续表

研究对象		研究时间	
途径方法			
备 注			

活动指导

如何欣赏建筑文物?

欣赏古建筑一般要注意建筑的外观、内外结构、材质、装饰、整体布局等要素。

◎小知识:斗拱是中国建筑特有的一种结构。在立柱和横梁交接处,从柱顶上加的一层层探出成弓形的承重结构叫拱,拱与拱之间垫的方形木块叫斗,合称斗拱。是中国汉族建筑特有的一种结构。在美学和结构上它也拥有一种独特的风格。无论从艺术还是技术的角度来看,斗拱都足以象征和代表中华古典建筑的精神和气质。

以土木结构为主流的中国古代建筑文化,还有一个显著特征,就是其屋顶的造型与众不同,寓意深刻,不同的屋顶样式还代表着不同的等级。那么古代建筑的屋顶到底有哪些样式呢?大家动手找一找吧!

二、活动实施

各小组依据计划,合理分工,搜集整合资料。

1.组员合作落实相关任务。

姓名	任务	成果

2.小组活动报告。

组员合作整合相关问题研究成果,并筹备成果展示:

研究对象		研究时间	
整合资料			
成果形式			

三、成果展示

各小组展示成果(形式不限于文本)。

◎通过研究我们知道,阙是用于……

◎著名的汉阙还有……

◎在探寻乌杨阙的主人过程中,我们了解到它的发现者和它之间有着一段传奇故事……

◎在参观过程中,我们看到乌杨阙……

◎手绘一份三峡博物馆参观引导图，推介感兴趣的文物：

◎ 收获与体会

◎通过这次活动，我的收获很多，主要有：

◎ 活动延伸

1.你还知道中国古建筑的哪些知识？

2.参观三峡博物馆后你有何感想，对其陈设布展有何建议。

3.你还去过哪些博物馆？给大家推荐一所。

4.谈谈你对文物和文物保护的看法。

第四章

繁华始现——两宋时期

重庆古称江州，随后又有巴郡、楚州、渝州、恭州等称谓。南宋时期，宋光宗于此地先封恭王，后即帝位，自诩为“双重喜庆”，于是升恭州为重庆府，重庆由此得名，至今已有800余年了。在宋代300余年的统治中，重庆地区除南宋末年外，基本上未发生动乱，社会的稳定为整个重庆地区的发展提供了有利的外部环境。梯田的开垦，农业的进步，手工业的兴起，商业的活跃，城镇的扩建，人口的增加，使两宋时期重庆社会经济发展到一个新的高峰。经济的快速发展为该地区文化的兴盛与繁荣提供了物质基础与保障。

在这里你可以领略到悠悠古刹中千年潼南大佛的雄伟身姿，也可以面对浩瀚的江水去探寻水下碑林白鹤梁的千古神韵，更可以到钓鱼城古战场去聆听那回荡在历史中的阵阵金戈铁马之声……除此以外，作为联合国教科文组织列入世界文化遗产之一的大足石刻，它在艺术史和宗教史上的地位尤为重要。一方面这是佛教文化和石刻艺术的结晶，它被誉为“东方明珠”“石刻观止”，并与敦煌莫高窟其名，素有“北敦煌，南大足”之美誉。另一方面，以宝顶山大佛湾石刻群为代表的大足石刻，是规模宏大的“两宋世风俗画迹”，塑造了极为壮观的世俗生活景观，两宋时期丰富的社会生活十分直接地融入到了辉煌无比的石刻画面的构筑之中，大足石刻可谓石窟艺术创造发展的集大成作品，是两宋时期政治、经济、文化方面的综合缩影。

历史遗存

大足石刻、潼南大佛、水下碑林白鹤梁、钓鱼城、涂山窑、多攻城 、老鼓楼衙署遗址。

实践活动

世界文化遗产之大足石刻

活动目的

▲大足石刻之千手观音(刘基胤摄影)

同学们,我们生活的这座城市——重庆,有着悠久的历史,早在距今约200万年前就已经有了人类活动的痕迹。在浩如烟海的历史长河中,留下了许许多多历史遗迹。一个民族文化的根基,一种精神文明的传承,需要载体。而悠久的文化,承载于千年文化遗产之中。理解文化遗产,应该理解遗产背后蕴含着的深刻历史文化含义。随着社会的快速发展,社会文明需要新陈代谢,但这并不是意味着可以摈弃历史,而应该在尊重历史的基础上不断发展,这样的文化才更具有根基、底蕴、特色和生命力。

在我们脚踏的这片富饶大地上,分布着为数众多的历史文化遗存。今天就让我们一起去领略位于重庆市大足区境内的世界文化遗产——大足石刻背后蕴藏的独特历史文化魅力吧!

同学们,在我们走近大足石刻前,我们不妨来思考以下几个问题:大足石刻的形成与发展经历了哪几个历史时期?石刻分布情况如何?石刻雕像有何种价值?

现在就让我们带着上面的问题走近大足石刻,了解大足石刻,感受石窟雕塑魅力的历史文化之旅吧!

考察实践是一个极富操作性的过程,因此每位同学都要多动手,多动脑,把所见、所闻、所思、所想都尽可能地记录下来。在这过程中还要注意收集与之相关的历史、故事与传说。

活动准备

准备重庆市地图册(2017年版)、相机、手机、纸张、笔等。

问题与思考

1.你听说过我国哪些石刻(石窟)雕塑?你去过大足石刻吗?

2.你对大足石刻了解多少?大足石刻有何价值?

活动指引

一、制定计划

1.成立活动小组:按照学生研究的对象,成立以大足石刻的发展历史、雕塑价值、背后故事等为主题的活动小组。

2.各小组制定活动研究计划。

组长		年级	
组员			
主题名称		研究时间	
活动方式			
材料准备			
活动地点			
途径方法			
总结方式			

(一千个愿望,一千个计划,一千个决心,不如一个行动!)

3.了解大足石刻有哪些途径呢?

(1)上网查询。

(2)查阅相关的资料书籍。

(3)问问熟悉大足石刻的人或者亲自去大足石刻走走看看。

……

二、活动开始

各小组依据计划、合理分工、搜集整合资料。

1.小组分工落实表。

姓名	任务	成果

2.小组活动报告。

研究对象		研究时间	
整合资料			
成果形式			

三、成果展示

各小组展示实践研究成果(可以是PPT、视频、实践报告等)。

1.我们现在知道了,大足石刻有着这样悠久的历史……

2.我们看到了大足石刻的雕刻类型有……

3.通过我们的分析,知道了大足石刻有这些价值……

◎收获与体会

每一次考察实践活动的开展,都是一个参与、协作、互助的过程,通过这次活动,你一定有许多收获与体会想与大家一同分享。现在就请把要说的话写在下面的表框内。

◎通过这次活动,我的收获很多,主要有:

活动延伸

1.大足石刻属于我国哪一类石窟雕塑？你还知道我国有哪些石刻(石窟)雕像？并写一份关于该石刻(石窟)的简介。

2.搜集与大足石刻相关的历史故事并把故事分享给大家。

第五章

昙花一现——大夏国

大夏国，是中国历史上一个昙花一现的政权，也是中国古代历史上唯一定都于重庆的封建政权。这个仅仅存在了20年的大夏国，在重庆的历史上留下了浓墨重彩的一页。

明玉珍，湖北随州人，元末红巾军起义的杰出领袖。其本姓旻，后因信奉明教而改信为明。元代末年，因政治腐败，农民起义风起云涌，他也拉起一股乡兵，加入红巾军统帅徐寿辉的队伍。因他作战勇武，后被升为奉国上将军，统兵都元帅。1357年，明玉珍抓住驻守重庆的元朝官吏内讧不断、兵力空虚这一战机，亲自率军溯三峡而上，占领重庆，并逐步统辖了重庆及川、云、贵三省部分地区。

1363年正月，明玉珍以重庆为都城，将皇宫设在长安寺(今新华路重庆第25中学内)，国号大夏，改元天统。

大夏国朝廷仿周制，设六卿，又分四川为八道，设州、县，并委派官吏进行治理；明玉珍还广设学校开科取士，吸收知识阶层参与政权；改革税制，免除徭役，严禁掠夺，一时颇受百姓欢迎拥戴，社会也日趋繁荣稳定。

1369年，明玉珍病逝于重庆，年仅38岁。其后，年仅10岁的幼子明升即位。明太祖朱元璋统一中国后，曾于洪武二年(1369年)遣使招降，被明升所拒。但统一是大势所趋，民心所向。洪武四年(1371年)，朱元璋派汤和、傅友德分水、陆两路讨伐，舟师直捣重庆。大夏国兵败无力应对，明升只得率领众人投降。至此，大夏国宣告灭亡。

历史遗存

明玉珍“睿陵”、弹子石摩崖造像等。

实践活动

探秘大夏国——走进睿陵

每年阴历二月六日，都有一群行色匆匆的韩国人出现在重庆江北嘴的睿陵前。他们不远万里来到重庆，不游山玩水，也不逛街购物，而是顶着黑色冠冕，穿上红色礼服，神情肃穆，姿态恭敬地在这里为一个过世六百多年的故人举行庄重繁复的祭礼。他们祭拜的是谁？为何又从遥远的韩国来到重庆？这背后又有怎样的故事等着我们去了解与发掘？

这一切都还要从那昙花一现的大夏国讲起，从这位定都重庆的皇帝、上文祭拜者们共同的祖先——明玉珍来讲起。同学们，你们知道吗，在元末明初的那段历史中，中原大地上义军四起，各族人民纷纷揭竿起义，反抗元朝的暴政。而在这一过程中，因为自己的英勇善战和爱护百姓，明玉珍得以从众多的义军将领中脱颖而出，成为当时的义军领袖之一。在长期的征战中，明玉珍累功至元帅。后又亲自率军攻下重庆，在义军领袖徐寿辉死后，称陇蜀王，后自立为帝。明玉珍在位时间仅有六年。但就是这六年的时间里，明玉珍却做了许多的实际工作。他设立国家官制，重划行政疆域；铸造统一货币，平抑物价；轻徭薄赋，减轻人民负担；劝课农桑，安定社会。在他执政期间，开启了“湖广填四川”的历史先河，促进了各民族间的交流与融合，也使得重庆西南地区得以迅速安定与发展。加之其人生活简朴，喜好读书，礼贤下士，有远大抱负，因而深得人民爱戴，在史书上也褒誉甚多。

今天，就让我们一起去走进这座重庆市唯一的皇陵，去了解这位在元末乱世中创建了一方“桃源之国”的明君吧！请带上你的笔和笔记本，让我们即刻出发！

活动目的

1.了解元末明初农民起义概况。

2.了解大夏国和明玉珍的相关史实。

3.了解大夏国灭亡后，明玉珍后裔在海内外的散布情况。

4.了解“睿陵”的基本构造和出土的相关文物。

活动准备

1.准备阶段:确定课题,如“探秘大夏国——走进睿陵”,拟定活动方案。

2.研究阶段:利用网络、图书馆查阅大夏国及明玉珍的相关资料;准备进行实地考察;整理、分析、筛选信息。

问题与思考

1.你知道大夏国的起源与发展吗?你知道明玉珍抗元的故事吗?为什么一位在位仅六年的皇帝,却赢得了人民和后世的高度赞誉?

2.除了睿陵,我们身边还有哪些大夏国留下的遗迹呢?这些与今天重庆又有哪些联系呢?

3.在今天的重庆,睿陵不仅是唯一一座皇家陵墓,更是成为中韩两国人民友好交往的桥梁。这背后又有怎样的故事呢?试着去搜集相关材料吧!

活动指引

一、制定活动方案

1.成立活动小组,制定研究计划。

在确定好研究课题的前提下,成立与睿陵相关的主题活动小组。各小组根据本组实际研究内容,确定内部人员分工,制定相应研究计划。

研究主题		研究时间	
研究人员			
研究内容			
备 注			

2.准备研究资料,确定研究方法与形式。

(1)研究资料收集,内容的多样化。例如对睿陵地理位置的考证,在史书上的记载,睿陵的历史发掘工作记录等等。

(2)确定研究方法,途径可以多样化。可以采用民间采访、实地考察、资料查阅等,例如可以充分利用网络、图书馆和博物馆等资源,去充分了解与明玉珍或睿陵相关的故事。

(3)活动形式上可以有多种方案。例如组织研究小组同学到睿陵进行实地考察参观,或到三峡博物馆对睿陵出土文物做资料收集等。

二、活动过程

1.各小组依据计划,合理分工,搜集整合资料。

姓名	任务	成果

2.展开实地调研或资料汇总后的文本研究,形成研究成果。

研究对象		研究时间	
整合资料			
成果形式			

三、成果展示(示例)

临江怀古——记睿陵游记

(巴蜀中学　吴镔芮)

睿陵,坐落于重庆江北嘴的一隅。一座皇陵,静静地在历史长河中封存,可叫岁月静好。它躺在山峦之巅,向东又是一潮春水,犹如一位隐士,隐逸于茫茫城市之中。

一条细长的青石板铺砌而成的小路,交错掩映,向上不断延伸着。路边依稀透着些墨绿的青苔上,蹿出不少的冷气与寒意。沿着小路,拨开冷绿青葱的翠竹,一栋红房子若隐若现。在氤氲的白雾之下,拾阶而上,一直默默地待在这一隅。朱红的丹墙,边缘隐隐用颜料勾勒了图案。相比绘上那同样色彩的颐和园,睿陵却显得有些寥落与萧条了,只有那为数不多的人还在倾听着这些在历史变迁中尘封的往事。

1352年，明玉珍在湖北青山燃起兵火，后投奔徐寿辉。1363年，他称帝于重庆，凭着那满腔的壮志与满腹的才华，立大夏，号天统。以他那雄心壮志去抢手政权，推翻了元朝在巴渝大地的残暴统治。设六卿，置翰林，招进士，与大明政权交好。这太平的大夏，悄悄地实现了社会的安定、生产的恢复与发展，默默地滋育着这片土地。

▲明玉珍睿陵（魏小博摄）

1369年，在位仅仅六年的明玉珍离开了人世，大夏国巨星陨落。“子升立，时甫十岁，母彭氏辅政。”从此泱泱大夏的朝政大权却不得不交由一个十岁的小孩和一妇道人家，其结局可想而知。此后不久，明升归顺明朝，朱元璋封明升为归义候并流徙于高丽。

大夏朝如昙花一现，在历史的长河中，在无数人的痛惜中黯然逝去，即使这个政权曾有着贤明的君王，井然的秩序。

空荡的厅，零散的复制品。摇摇欲坠的石壁闪着暗青般的冷光，棺盖不知何时被时间吞噬或被尘土腐蚀，残缺了近乎一半，剩下一半默默躺在棺上。里面隐约还有一个内棺，像一块巨石，未经打磨，却死死封住了过去的历史。

……

明玉珍与大夏朝的曲折，历史早已尘封，用时间埋葬。在那纷争更替的朝代，都没有永恒。“水能载舟亦能覆”，无道政权的横征暴敛，就比如元，必会激起民众的反抗，愤然并觉醒的人们必然会成为残暴统治者的掘墓人。

也许大夏国注定会埋没于安定。一个新政权的巩固，不仅需要完善的组织机构，强大的军事力量，顺应民意的治国方略，还需要内部的精诚团结、积极进取。“兴，百姓苦；亡，百姓苦”，年仅十岁的明升也许是对的！

◎ 收获与体会

◎通过这次活动，我的收获很多，具体来说，主要有：

活动延伸

- 1.介绍睿陵以及重庆市内与大夏国历史有关的遗迹,调查了解他们的来历。
- 2.将搜集到大夏国或明玉珍的有关故事介绍给大家。
- 3.从大夏国的兴衰历史和元末明初历史社会背景,谈谈自己的见解。

◎信息库

1.参考书目

孙善齐、杨耀健编著:《巴渝轶闻掌故》,重庆出版社,2004年版

周勇主编:《重庆通史》,重庆出版社,2014年版

重庆市教育科学研究院编:《重庆历史(上)》,西南师范大学出版社,2012年版

蓝勇等编著:《巴渝历史沿革》,重庆出版社,2004年版

2.相关网站

新华网重庆频道:http://www.cq.xinhuanet.com/cq/index_kk.htm

百度百科:http://baike.baidu.com/

第六章

兴衰更替——明清时期

1368年，朱元璋在应天（今南京）称帝后，积极进行完成统一全国的战争。第二年，朱元璋遣使入渝欲图招降大夏国，明升不从。1371年春，朱元璋遣汤和、廖永忠、傅友德等领兵征大夏国，夏军败溃。同年六月，明兵抵重庆，明升出降，夏亡。次年明朝户部统计，重庆和四川民户总共八万四千余户。明朝设四川布政使司领重庆等十三府，治巴县。明洪武四年（1371年），时任重庆府指挥使的戴鼎在宋代旧城基础上大规模修筑石城，从而形成了近代重庆城“九开八闭”共17座城门的格局。

1644年，明末农民起义领袖张献忠率农民军从武汉进入四川试图割据称雄。经过血战，张献忠攻下通远门，占领重庆。随后，整个四川地区陷入了长时间的战乱，清军、明军和农民起义军在四川、重庆地区反复争战了20余年。“天下已治蜀后治”，直到康熙初年，清廷才稳固了对四川、重庆地区的统治，但整个川渝地区已“十室九空”，人口锐减，经济凋敝。清代沿袭明代布政使司制，但名称则用元代行省旧名。重庆仍为府治所，又设川东道，驻重庆。据康熙二十四年（1685年）人口统计，经历过长时间大规模的战事后，四川省（含今重庆地区在内）仅有人口9万余人。

清政府在统一后，施行了一系列移民政策，其中最有名的便是“湖广填四川”；此外还给予各种优惠政策等鼓励外省移民入川垦荒。大量移民进入川渝地区，促进了川渝地区经济的恢复和发展，民族融合程度进一步增强，同时也促进了近代重庆文化的丰富和形成。

历史遗存

通远门、东水门、太平门、人和门、巴县衙门、湖广会馆、明清客栈、天官坟、江北城保定门、“鸟游淤云”石刻。

实践活动

走进通远门古战场遗址

“通远门，锣鼓响，看埋死人”，流传至今的《重庆歌》里这样唱道。通远门，作为重庆“九开八闭”的城市布局中通往外界的唯一陆路通道，自古以来就是兵家必争之地。通远门位于重庆城的正西面，是重庆城唯一的陆门，是通往外地的陆路起点，故称“通远”。

▲ 通远门

通远门的前身为镇西门，基址为三国建兴四年（公元226年）蜀都护李严修筑的江州城墙和南宋嘉熙二年（公元1238年）彭大雅为抗击蒙古铁骑修筑的石基构造墙。现存的城墙及城门遗址为明朝洪武年间，由重庆府指挥使戴鼎在原有城墙的基础上修筑的石砌城墙。随着时代的变迁和战乱动荡，通远门城墙在风雨中矗立了六百多年，默默地见证着重庆城历史发展的轨迹。

活动目的

重庆是一座有着三千年历史的古城,然而很多同学却不知道在重庆这座现代化的大都市里竟然还保存有古代的城墙和城门。本次活动的目的就是带领大家走进重庆古城至今保存最为完整的通远门及其城墙。

通远门是重庆古城唯一一座通向陆路的城门,自然也是重庆历朝历代发生战争最多的城门,这里到底发生过哪些著名的战争?发生过哪些影响深远的历史事件?通远门上刻的"通远门"三个字是古代刻的,还是现代刻的?通远门周围还有哪些古迹、遗址?请你问一问、记一记、画一画、说一说、写一写,你一定会有不一样的收获!

活动准备

准备重庆市区地图、能上网的电脑、相机、纸张、笔等。开始通远门之行吧。

问题与思考

1.你去过通远门吗?对通远门的历史了解多少?还想了解它的什么?

2.你知道"三三一"惨案吗?你知道"三三一"惨案的发生地在哪里吗?你知道"三三一"这一惨案发生的历史背景吗?

活动指引

一、制定活动计划

1.成立活动小组。

学生根据研究重点的不同自由分组,成立以通远门的建筑、历史、故事等为主题的活动小组。

2.各小组制定活动研究计划。

研究对象		研究时间	
研究人员			
研究内容			

续表

研究对象		研究时间	
途径方法			
备　注			

了解通远门有哪些途径呢?

1.上网查找。

2.亲自到通远门走走看看。

3.向熟悉了解通远门典故的人们进行调查访问……

二、活动开始

各小组依据计划,合理分工,搜集整合资料。

1.小组分工落实表。

姓名	任务	成果

2.小组活动报告。

研究对象		研究时间	
整合资料			
成果形式			

三、成果展示

各小组展示成果(可以是录像、图片、文集等)。

◎现在我们明白了，通远门有着这样悠久的历史：

◎我们知道了通远门发生了很多的战争，有……

◎我们给通远门画个参观图吧！

◎收获与体会

活动延伸

1. 重庆古城还有哪些城门？我们现在还能看到的还有哪几个城门？请你写一份关于重庆古城墙的基本介绍。
2. 介绍通远门以及周边的其他历史建筑。调查了解他们的来历。
3. 将搜集到的关于通远门的有关故事介绍给大家。

第七章

步入近代——重庆开埠

19世纪60年代后，资本主义列强不满足于在中国已取得的侵略权益，要求开辟中国的西部市场，扩大与中国的贸易。内陆地区中水陆交通尤为便利的重庆，成为他们侵略扩张的重要目标。

1876年，中英《烟台条约》签订。1890年3月，中英在北京签订了《烟台条约续增专条》，英国取得了在重庆开埠通商的条约依据。之后，重庆海关建立。1891年3月1日，重庆海关在朝天门附近正式开关征税，标志着重庆正式开埠。重庆开埠使重庆成为列强进一步侵略扩张的据点，标志着重庆近代历史的真正开始。

重庆开埠后，英、法、日、美、德等国纷纷在重庆设立领事馆。重庆地方政府还专门把通远门内的一个地区划为外国使馆区，称为领事巷。帝国主义国家在重庆设立租界，强租“租借地”。帝国主义国家还纷纷在重庆建立洋行、公司、药房、酒家等商业机构，以便推销商品。1890年，英国立德乐洋行首先在重庆成立。洋货开始大量涌入重庆市场，重庆的传统手工业受到的冲击越来越大，遭到严重破坏。列强一面向重庆推销大量的工业品，一面向重庆输出资本。同时，进入重庆的外国教会开办了一些学校，以便培养为他们服务的人才。

重庆开埠后，逐渐被纳入了资本主义市场体系，成为西方列强侵略四川乃至西南地区的一个据点。西方列强开埠重庆的目的是进一步打开中国市场、倾销商品、掠夺原料等，这就使重庆沦为了半殖民地化的城市；当然开埠也在客观上加强了重庆与外部世界的联系，西方的现代化因素由此逐渐输入重庆，促进了重庆的城市化和近代化。正如陈旭麓先生所说，近代中国“开埠的趋势是由沿海入长江；由下游而上游，并逐步进入内陆腹地。这些埠口，在中国封建的社会体系上戳开了大大小小的窟窿。外国资本主义的东西因之而源源不断地泄入、渗开。这是一种既富于贪婪的侵略性，又充满进取精神和生命力的东西。”从这个意义上讲，开埠客观上成了重庆近代化“历史的不自觉的工具”。

历史遗存

法国水师兵营、立德乐洋行、南岸开埠历史建筑群、安达森洋行、卜内门洋行……

实践活动

见证百年沧桑——探访法国水师兵营

活动目的

同学们，说到南滨路，大家并不陌生吧？这条也许你曾来往多次的南滨路，正是重庆开埠的见证之一。

1891年3月，重庆正式开埠。由于沿江码头便利，南岸成为外国势力染指重庆最早的地方。当时外国人被限制在南岸的海棠溪至弹子石的南滨路一带居住，所以英、法、日、美、德等国就在南岸的长江沿岸境内设海关、开洋行、圈租界、建军营、立公司，经营出口贸易、航运等商务活动。从此南滨路沿线就成为重庆的经济及商务中心，直至陪都时期。

▲体现中西合璧建筑风格的法国水师军营大门（贺兰摄）

南滨路，在风雨飘摇的历史中沉浮了百年。这里洋行与兵营林立，富豪与影星齐居，这里曾藏匿了九千多箱故宫国宝，这里曾有重庆最大的黑帮据点，这里也曾是重庆的“外滩”。至今，南滨路依旧保留着大量的百年老建筑，无声地诉说着它曾见证的那段历史。

▲ 从法国水师军营远眺朝天门（贺兰摄）

今天，我们就一起走进重庆开埠的地标建筑——法国水师兵营，去重新发现和认识我们身边的历史。

现在，就让我们一起开始法国水师兵营的探索发现之旅吧。

活动准备

1.准备阶段：确定课题，拟定“百年沧桑——法国水师兵营”的活动方案。

2.研究阶段：利用网络、图书馆、展览馆查阅和搜集重庆开埠和法国水师兵营的资料，包括文字、图片、纪录片、相关人物访谈记录等各种形式的资料；整理、分析、筛选资料；准备分组进行实地考察。

问题与思考

1.你了解法国水师兵营建造的历史背景和历史原因吗？

2.你感受到了法国水师兵营的建筑特征和艺术之美吗？

3.从法国水师兵营的前世今生中，你能以它为案例找到保护文物的可鉴之处吗？

活动指引

一、制定活动方案

1.成立活动小组，制定研究计划。

在确定好研究课题的前提下，成立与法国水师兵营相关的主题活动小组。各小组根据本组实际研究内容，确定内部人员分工，制定相应研究计划。

研究主题		研究时间	
研究人员			
研究内容			
备 注			

2.准备研究资料，确定研究方法与形式。

(1)研究资料收集，内容可以多样化。例如对法国水师兵营的地理位置考证，建造历史的溯源，建筑特征的观察，建筑艺术之美的鉴赏，前世今生的变迁，甚至在文学作品中对法国水师兵营的生活风情描述等。

(2)确定研究方法，途径可以多样化。可以采用民间采访、实地考察、资料查阅等，例如采访法国水师兵营附近的老居民，寻访重庆老街、老建筑的相关专家和志愿者，了解他们所描述的有关法国水师兵营的故事。

(3)活动形式上可以有多种方案。例如关于法国水师兵营的摄影比赛、与法国水师营相关的历史故事编写、分主题成果展示会、相关人物的访谈对话、以法国水师营为案例的文物保护探讨会等。

二、活动过程

1.各小组依据计划，合理分工，搜集整合资料。

姓名	任务	成果

2.展开实地调研或资料汇总后的文本研究，形成研究成果。

研究对象		研究时间	
整合资料			
成果形式			

三、成果展示

成果展示一：分主题成果展示会。主要从法国水师兵营的历史背景、建筑艺术、文物保护方面进行展示，可以采用展板、PPT报告、文字稿、相关人物访谈的形式进行分小组汇报。

成果展示二：法国水师兵营的摄影展。摄影主题主要是关于法国水师兵营的历史、建筑和艺术方面。

成果展示三：以法国水师兵营为案例的文物保护探讨会。主要以访谈、对话、研讨的方式，使学生从法国水师兵营前世今生的变化中认识到对文物"有效保护，合理利用"的文物保护理念和可借鉴的文物保护方法。

◎收获与体会

◎通过这次活动，我的收获很多，具体来说，主要有：

活动延伸

1.法国水师军营是重庆市第一批市级文物保护单位，去收集查阅重庆市市级文物保护单位名录，从中选取一个做简单介绍。

2.学生从"重庆开埠"的大背景下，写出对"百年沧桑——法国水师兵营"这个活动的感悟，这是一个开放性的自我总结和感悟，鼓励学生不拘一格，自由书写出对于相关主题的真实感悟，同时也鼓励学生之间进行分享。

◎信息库

1.参考书目

隗瀛涛、周勇:《重庆开埠史》,重庆出版社,1983年版

张仲:《开埠——拉开了重庆城市近代化的帷幕》,《重庆与世界》2010年14期

蓝勇等编著:《巴渝历史沿革》,重庆出版社,2004年版

张晓耿、张译丹:《昨夜西风——重庆开埠影像志》,西南师范大学出版社,2017年版

重庆市教育科学研究院编:《重庆历史(下)》,西南师范大学出版社,2012年版

2.相关网站

新华网重庆频道:http://www.cq.xinhuanet.com/cq/index_kk.htm

百度百科:http://baike.baidu.com/

第八章

追寻民主——辛亥革命前后的重庆

自19世纪末重庆开埠后，英美等西方国家加强了对重庆经济的渗透和控制，其客观上也促进了重庆经济的发展，民族资本主义得以产生并得到初步发展。资产阶级的新思想和西方科学技术的传入，使维新思想在重庆得以传播。宋育仁在重庆创办了重庆第一家报纸《渝报》，积极宣传维新派改良主义的主张，促进了人们思想的解放，启迪了一代重庆先进青年，推动了重庆思想解放潮流的出现。

20世纪初的中国兴起了兴办新式学堂和出国留学的热潮。重庆的新式教育也获得了较大的发展，重庆地区的有识之士不断壮大。这一时期最负盛名的就是资产阶级革命宣传家邹容。邹容在《革命军》一书中热情歌颂革命，将革命视为中国存亡的关键，主张推翻清王朝的反动统治。这是中国第一部系统地宣传资产阶级民主革命思想的不朽著作，极大地促进资产阶级革命思想的传播，推动了革命形势的发展。

1906年，同盟会重庆支部成立，以杨沧白、朱之洪为支部负责人，积极传播资产阶级革命思想。资产阶级革命派展开了一系列活动，为重庆在辛亥革命中的独立和蜀军政府的建立奠定了基础。

辛亥革命爆发后，重庆高举义旗宣布独立，成立了重庆蜀军政府，推举张培爵、夏之时为蜀军政府正副都督，标志着清王朝在重庆统治的覆灭。此后，北洋军阀袁世凯篡夺了辛亥革命的胜利果实并逐步复辟帝制，重庆人民为维护民主共和还积极开展了反袁斗争。

重庆人民为追求民主共和而不懈奋斗、勇于牺牲，他们的精神辉耀古今、震烁天地。在巴渝大地这片热土上，留下许许多多关于他们的遗存供后人凭吊。

历史遗存

邹容烈士纪念碑、杨沧白故居、张培爵烈士纪念碑、四川革命先烈纪念碑。

实践活动

缅怀英烈、继承遗志——寻访邹容烈士纪念碑

邹容是中国近代著名资产阶级革命宣传家，他积极投身民主革命，他是在中国近代史上写下革命篇章的第一个重庆人，与秋瑾齐名的著名革命演说家。1903年，因为以“革命军中马前卒”写成《革命军》，而在上海英租界入狱，1905年4月3日不幸病逝于上海狱中。辛亥革命成功以后，孙中山追赠邹容“陆军大将军”的荣衔，崇祀宗烈祠。

邹容短暂的一生，是以推翻清王朝、革新中华为己任的一生，是追求革命的一生。他的《革命军》尽管有一定的时代局限，但它喊出了中华民族谋求革命独立之呼声，所以问世之后迅疾风行海内外，章炳麟称之为“义师先声”，章士钊主笔的《苏报》誉之为“国民教育之第一教科书”，是中国第一部系统地、旗帜鲜明地鼓吹资产阶级民主革命、宣传资产阶级共和国的不朽之作。1912年2月，孙中山以临时大总统的名义签命令，追赠邹容为“大将军”。无产阶级革命家吴玉章题诗赞曰：“少年壮志扫胡尘，叱咤风云‘革命军’。号角一声惊睡梦，英雄四起挽沉沦。”这是对邹容及其《革命军》一书十分中肯而真切的评价。

▲邹容像

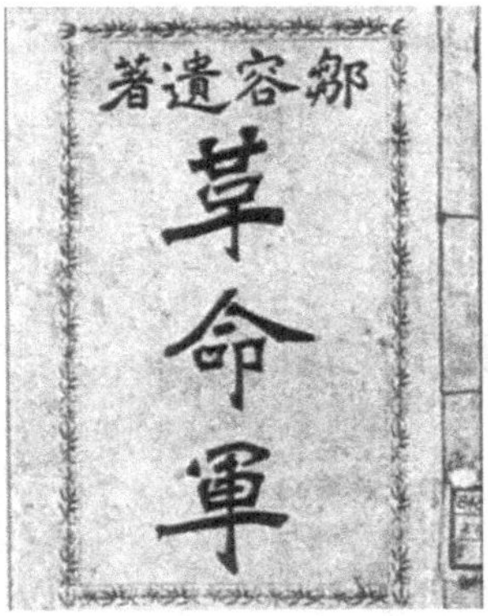

▲邹容遗著《革命军》

中华民国35年（1936），重庆市为邹容建成了纪念碑。新中国成立后，邹容

烈士纪念碑前后3次被确定为文物保护单位。从1983年的市级,到1991年的省级,再到2000年,重庆市政府将该纪念碑公布为直辖后第一批市级文物保护单位。

在今天的重庆,邹容路、邹容小学、邹容广场等都让我们与邹容更紧密联系到了一起。

2014年,重庆媒体评选出了“重庆历史十大名人”中,邹容榜上有名。

活动目的

1.了解邹容烈士的生平,了解其革命事迹。

2.了解邹容烈士纪念碑,考察其建筑方式、风格特点等。

3.了解重庆还有哪些纪念邹容的方式、地点等。

活动准备

通过网络搜集资料,准备好相机、纸张、笔等工具,开始我们寻访邹容烈士纪念碑之行吧!

问题与思考

1.你知道邹容吗?你知道邹容的代表作《革命军》吗?你知道邹容与辛亥革命的关系吗?

2.你去过解放碑吧,可你是否知道解放碑就坐落在邹容路上,起点之一便是邹容广场?

3.邹容烈士牺牲后葬于何处?为何邹容烈士纪念碑能成为重庆市的重点文物保护对象呢?

活动指引

一、制定活动计划

1.搜集整理资料。

通过查阅网络或者图书资料,查询邹容烈士的生平,了解邹容烈士纪念碑所在的位置,制定出行路线。

2.制定活动研究计划。

研究对象		研究时间	
研究人员			
研究内容			
研究途径或方法			
备 注			

二、活动开始

同学们可以分组展开活动！依据计划，合理分工，开展活动。

分工落实表

姓名	任务	成果

活动报告

研究对象		研究时间	
整合资料			
成果形式			

三、成果展示

展示成果(可以是录像、图片、文集等)。

◎现在我们明白了，邹容的主要革命事迹：

◎我知道邹容路、邹容小学、邹容广场的来历：

◎我知道邹容烈士纪念碑所蕴含的意义了：

◎来看看我拍的照片吧！

◎我们给邹容烈士纪念碑画个参观图吧！

◎收获与体会

◎通过这次活动，我的收获很多，具体来说，主要有：

活动延伸

1.邹容烈士纪念碑属于重庆地区的哪类建筑？重庆还有哪些和它一样的建筑呢？请你梳理一份这样的建筑名录吧。

2.除了我们上述提及与邹容有关的遗存或地名外，重庆还有哪些纪念邹容的地点呢？

3.除重庆外，全国还有哪些地方有纪念邹容烈士的建筑遗存呢？

4.通过本次考察活动，你认识到了邹容的思想与革命活动对辛亥革命所产生的重大影响了吗？

第九章

峥嵘岁月——重庆建市

从19世纪70年代开到20世纪20年代的半个世纪里，重庆已经发展成为四川以及西南地区的商业、金融重镇，具有资本主义性质的近代工业也初步建立。近代工商业的建立及发展，加强了重庆对邻近区域、四川乃至整个西南的吸引力和辐射力。在西南地区，重庆的工商业占有举足轻重的地位。

在这一时期，随着民族工商业的发展，新式学堂、报刊都得到广泛发展，重庆的领事馆、公司、商行、教堂、学校、医院等渐渐多了起来，重庆人的思想观念也发生了变化，开始主动学习西方，主动与外国人打交道。到20世纪20年代，重庆常住人口已达20余万人，流动人口也有20余万人，其中就有不少外国人。人口如此集中，成分十分复杂，在整个西南地区并不多见。

与此同时，清王朝在各都市设立警察局(厅)，这一举措奠定了各地市政机关的基础。重庆在清朝宣统二年(1910年)设立警察局，设总办一人，到民国初年改称警察厅。1921年11月，四川各军总司令兼省长刘湘驻重庆之后，重庆经历了商埠办事处、市政公所的机关萌芽阶段，直至1927年潘文华以重庆商埠督办为北洋政府所核定为由，请改重庆商埠为重庆市，改督办公署为市政厅，自己就任重庆市第一任市长。1929年2月15日，重庆市政厅经军部正式获批为重庆市政府。

重庆正式建市后，市政建设得以统一规划和管理，重庆早期的市政基础公用设施也于此萌芽。从通远门到两路口一带，潘文华领导市政府做了大量市政规划，这些规划不仅在当时起到了极大的作用，有些甚至沿用至今。

菩提金刚塔、渝中半岛的中山路、打枪坝水塔、大溪沟电厂等。

实践活动

追寻重庆记忆——探访菩提金刚塔

渝中半岛是重庆的核心区域，是重庆历史文化的灵魂所在。在这片热土上，有着丰富的历史遗存和文化底蕴。走在这片神奇的土地上，你一定有意想不到的收获。

前些年一部热销的小说《失踪的上清寺》，引发了无数重庆人对渝中区观音岩“菩提金刚塔”的关注。小说中提到塔内藏有宝物，一句“乱坟闹鬼不清净，菩提镇邪多宝藏”，吸引了不少市民前去猎奇寻宝。

今天让我们追随老重庆的记忆，去探究“菩提金刚塔”背后隐藏的秘密，来一段渝中半岛深度游吧！

▲重庆菩提金刚塔（周之富摄）

活动目的

1. 了解“菩提金刚塔”的来历。
2. 了解重庆建市的相关历史和潘文华为重庆发展所做的贡献。

3.了解菩提金刚塔的建筑特点，认识其历史价值和艺术价值。

4.学会客观认识历史事物，能正确区分传奇故事与历史事实。

活动准备

1.准备阶段：确定考察对象，拟定活动方案。

2.研究阶段：利用网络、图书馆、展览馆查阅和搜集重庆建市和修筑菩提金刚塔的相关资料，包括文字、图片、纪录片、相关人物访谈记录等各种形式的资料；整理、分析、筛选资料；准备分组进行实地考察。

活动指引

根据中学生的个性特长、兴趣爱好等，结合指导老师的建议，制定课题研究方案。示例如下：

<table>
<tr><td>课题名称</td><td colspan="3">追寻重庆记忆——探访菩提金刚塔</td></tr>
<tr><td>课题组长</td><td></td><td>指导老师</td><td></td></tr>
<tr><td>预期成果</td><td colspan="3">文献汇编、展板、摄影作品、手工制品等</td></tr>
<tr><td>主研人员</td><td colspan="3"></td></tr>
<tr><td>研究背景</td><td colspan="3"></td></tr>
<tr><td>研究目的</td><td colspan="3"></td></tr>
<tr><td>研究对象</td><td colspan="3">菩提金刚塔（也可以是重庆建市时期的相关历史建筑）</td></tr>
<tr><td>研究方法</td><td colspan="3"></td></tr>
<tr><td>课题规划</td><td colspan="3">第一阶段（前期准备）

第二阶段（实施调查）</td></tr>
</table>

续表

课题名称	追寻重庆记忆——探访菩提金刚塔
	第三阶段(总结成果)
注意事项	1.
	2.
	3.

◎ 活动建议

具体研究过程:

一、前期准备

根据中学生的个性特点,在探究历史的过程中,就菩提金刚塔这个主题,互动特别重要。可指导学生根据兴趣,自愿组建小组。例如对绘画有偏好的可分到一组,对纸艺有研究的可共同搭建模型,对宗教有兴趣的可互相探讨……分组以后再各自准备手工作品的相关材料。材料不限,创意不限。

二、实施调查

第一步是收集文献。历史的研究讲究科学严谨,没有文献的支撑,探究难以有说服力。市内各大图书馆以及书店均有资料可查询。

第二步是实地调查。观察菩提金刚塔的形制、纹饰、地理位置……找准自己创作的角度,并着手开始创作。

三、总结阶段

成果展示:成果不限形式。可以是绘画、剪纸、木雕、沙画、原创音乐、诗歌、网页等一切中学生喜闻乐见的形式。只要能够表达对重庆建市或者菩提金刚塔这段历史的了解即可。

调研报告:以组为单位撰写调研报告,写清楚调查的目的、方式及心得,也为历史教育提供一些更接地气的方法。

◎收获与体会

◎通过这次活动，我的收获很多，具体来说，主要有：

活动延伸

1.除菩提金刚塔以外，渝中半岛的中山路、打枪坝水塔、大溪沟电厂等，都有着重庆建市时期的印记。同学们可根据自己的情况，对这些文物遗址也进行探究。

2.可以去读一读《失踪的上清寺》，你会对重庆的历史更感兴趣哦！

第十章

抗战救国(上)——陪都重庆

1937年“卢沟桥事变”爆发,日本全面侵略中国,攻占北平天津以后,随即发起进攻上海、威胁国民政府首都南京的“八一三”事变,国民政府奋起抗战,悲壮的淞沪会战爆发,虽然中国军队坚决英勇抵抗,但是,由于缺乏充分准备等原因,终究难挽颓势,上海沦陷,都城南京告急。中国政府没有屈服于日本的侵略,为了继续组织抵抗,选择了迁都。

▲位于渝中区人民路重庆国民政府大楼旧址,2010年拆除

1937年10月29日,蒋介石在国防最高会议上,做了题为“国府迁渝与抗战前途”的讲话,确定将重庆作为国民政府战时驻地。11月16日,国民政府主席林森率领大小官员撤离南京。11月20日,国民政府正式宣布迁都重庆,重庆正式担负起中国战时首都的责任。1940年9月6日,国民政府发布《国民政府令》,正式颁令“明定重庆为陪都”“还都以后,重庆将永久成为中国之陪都”,既明确了重庆担负“战时首都”的法律地位,也宣示了即使还都南京后,重庆作为陪都

的地位也不会改变,即"永久陪都"。随着重庆陪都地位的确立,抗战时期的重庆开始了它的传奇。

重庆是一座历史悠久的文化名城,位于长江和嘉陵江交汇之处,襟带双江,控驭南北,地势险要。由于重庆是西南地区最大的工商业城市和经济中心,与西南各省联系密切,具有丰富的人力、物力资源;两江环抱,三面临山,具有绝佳的天然屏障,在战争中易守难攻;有西南、西北两大国际交通线为依托,一旦东部沿海地区遭敌封锁,仍能对外交通联络。因此,在首都南京受到日本侵略严重威胁之时,重庆即成为国民政府迁都的最佳选择。

国民政府迁都,意义重大。国民政府迁都重庆,表明以四川为重心的大后方的战略地位得以确立。同时,国民政府的西迁,带动了中国沿海和中部地区的工厂、企业、高校、文化机构等大量内迁,给重庆政治、经济、文化发展创造了前所未有的机遇。

国民政府迁渝,使得大量国民政府机关迁至重庆,使重庆成为全国性政治中心,同时也成为世界反法西斯远东战场的指挥中心,国共合作和抗日民族统一战线的重要政治舞台。抗战时期的重庆,同美国的华盛顿、英国的伦敦、苏联的莫斯科一起被列为世界反法西斯战争的四大历史名城。

国民政府迁渝,带动了大量人口、军政、文教、工矿企业迁至重庆,使之成为全国的工业中心。与此同时,重庆也成为战时的金融中心,中央银行、中国银行、交通银行以及农民银行的总行随之也迁至重庆。工业中心和金融中心的确立,大大促进重庆的经济发展,从而确立了重庆在抗战时期大后方经济重心的地位。

国民政府迁渝,带动了大量高校迁至重庆,使得北碚的夏坝、小龙坎与磁器口之间的沙坪坝、江津的白沙坝,成为抗战时期重庆三个重要的文化区,大大促进重庆教育的发展。此外,大量报社、出版社也迁至重庆,为重庆文化的发展提供了良好的基础。随之而来,还有大量知识分子、文化名人的纷纷内迁,这些都大大促进了重庆文化的发展。

国民政府迁都重庆,给重庆带来巨大发展,为日后重庆的繁荣做出了不可磨灭的贡献。

陪都重庆和全国人民一道坚持抗战,用血肉筑成了中华民族最后的长城,面对日寇的疯狂侵略,打不垮、炸不倒。重庆这座英雄的城市形成了一种可歌可泣的“重庆精神”，这种精神成为这座城市光荣和伟大的象征，鼓舞着千千万万的重庆人勇往直前、果敢坚毅、团结奋进。

历史遗存

重庆黄山抗战遗址博物馆、李子坝抗战遗址公园、八路军重庆办事处旧址、《新华日报》营业部旧址（现在民生路208号）、宋庆龄公馆（渝中区两路口）、张自忠将军墓（北碚梅花山）、史迪威将军博物馆、渝中区中华路国民参政会旧址、抗战时期的“华尔街”——打铜街、道门口、战时儿童保育会旧址（现在渝中区求精中学校园内）、渝中区枇杷山第三人民医院内的苏联大使馆旧址、渝中区莲花池大韩民国临时政府旧址等。

实践活动

运筹黄山中 激战千里外——重庆黄山抗战遗址博物馆

重庆抗战遗址博物馆又名“重庆黄山抗战遗址群景区”，这座黄山，不像安徽的黄山那样以自然风光闻名遐迩，但它却因中华民族民族伟大的抗日战争而享誉世界。这里的每一栋建筑、每一道决策、每一声命令、每一次会议……可以说都事关抗战大局。在这里，中国政府正式向日本宣战，加入了世界反法西斯同盟；在这里，制定了远东联合军事行动计划；在这里，成立了世界反法西斯战争中国战区司令部；在这里，举行了同盟国军队的一次次重要战略会议；在这里，中华民族用鲜血换来了抗战胜利……这里是抗日战争时期中国政府军事、政治、外交的重要场所，是中华民族伟大抗战的重要历史见证。

▲重庆抗战遗址博物馆

活动目的

1.了解黄山的由来,知道蒋介石官邸修建在此的目的和用途。

2.了解黄山抗战遗址博物馆的历史沿革和其他相关的重要历史建筑。

3.参观博物馆、查阅相关资料,理性和客观地评价蒋介石及其领导的正面战场。

4.感受黄山抗战遗址博物馆的现实意义。

5.思考对黄山抗战遗址博物馆在今后的进一步开发和保护。

活动准备

通过网络和相关书籍收集信息,了解黄山历史博物馆的相关史实;根据爱好成立活动小组;准备相关的考察用品(如照相机、摄影DV、录音设备、智能手机等);规划交通路线等。

活动指引

一、制定规划

1.利用网络或图书馆搜集资料,根据考察内容成立兴趣小组。

2.各小组制定活动研究计划,并根据具体任务进行详细分工和规划。

探访、研究流程	成员	时间
资料收集		
实地考察		
专家访谈		
整理总结		

二、活动开始

1.各小组依据规划,分工合作、整合资料。

分工落实见下表:

探访、研究流程	成员	时间	收获
资料收集			含文字、图片、视频
实地考察			含录像、照片、文字
专家访谈			含录音、照片、文字
整理总结			活动总结报告

2.活动总结报告

小组名称		小组成员	
资料整合			
成果形式	（可以是海报、文册、展览等）		

三、成果展示（可以是海报、文集、录音录影等）

（示例）

黄山得名的由来：

蒋介石官邸修建的目的：

黄山上其他重要的历史建筑：

怎样看待蒋介石：

怎样评价正面战场：

黄山抗战遗址博物馆的现实意义：

黄山抗战遗址博物馆的开发和保护：

◎收获与体会

通过这次活动，我收获很多，具体说来，主要有：

活动延伸

如果让你用英文写一份演讲稿向外国游客(包括日本游客)宣传黄山抗战遗址博物馆，你会怎么写？请试一试。

第十一章

抗战救国(下)——胜利荣光

全国抗战开始后,重庆儿女团结一心,力撑危局!

随着国民政府迁都重庆,重庆的政治、经济、文化地位越来越突出,重庆成为全中国的临时都城、政治中心、经济中心、军事指挥中心。日本侵略者认识到这一点,开始对重庆进行大规模的轰炸。日军的狂轰滥炸,给重庆人民的生命财产造成了惨重损失和巨大灾难。侵华日军的大轰炸,非但没能让重庆人民屈服,反而"愈炸愈强"。面对敌人的入侵,重庆人民表现出来的抗战精神、爱国主义和民族精神,值得我们敬佩和弘扬。

面对日军侵略暴行,国共两党合作抗日,都为反对日军侵略做出了巨大的贡献。1939年,中共中央南方局在重庆成立,南方局在书记周恩来的领导下,高举抗日民族统一战线的旗帜,为民族抗战凝聚力量,在巩固和扩大抗日民族统一战线,维护国共合作,争取中间势力等方面发挥了十分重大的作用。南方局在党中央的正确领导下,促进了民主党派阵营的形成,还为新中国建立后中国共产党领导的多党合作政治格局的开创做出了重大贡献。南方局还十分重视同外国驻华使节、援华机构人员和新闻记者会晤,广交外国朋友,争取国际舆论对中国抗战的支持,并努力扩大和发展国际反法西斯统一战线。中国共产党在重庆所做出的这些不懈努

▲1945年重庆街头欢庆抗日战争胜利

力为抗日战争取得最后的胜利做出了十分巨大的贡献。

1941年12月7日，日本偷袭美国太平洋舰队驻地夏威夷珍珠港，太平洋战争爆发，美国和中国等相继对日本正式宣战。是年12月23日，中、美、英在重庆举行军事会议（史称“东亚军事会议”），正式结成三国军事同盟。1942年1月《联合国家宣言》的发表，中国成为同盟国四强之一。1月3日，同盟国宣布蒋介石为盟军中国战区最高统帅，担任中国、泰国、越南等地区联合部队的指挥任务，重庆成为世界反法西斯战争在远东的指挥中心。重庆在反法西斯战争中的地位越来越突出，所起的作用越来越重要。在世界反法西斯战争中，重庆作为中国战时首都和世界反法西斯远东指挥中心，为抗日战争的胜利和世界反法西斯战争的胜利做出了巨大的历史贡献。

在全国人民的共同努力下，在世界反法西斯人民的共同努力下，中华民族的抗日战争取得了伟大胜利，世界人民的反法西斯战争胜利结束。重庆，作为中国战时首都，书写了中国抗战史上最为光彩绚丽的一章！

此外，在抗战期间，由于沿海工厂的纷纷内迁，大量教育医疗文化卫生机构以及大量外来人口的涌入，使重庆在经济、文化、医疗、卫生、教育等各个领域都有了长足的发展。重庆的市政公用事业也发生了巨大的改变，城区扩大，供电供水、道路交通、轮渡水运、建筑开发、防空设施、医疗机构等基础设施进一步扩充。重庆城的面貌发生了近代以来最大的改变。

历史遗存

抗战胜利记功碑、重庆大轰炸遗址、同盟国中国战区统帅部参谋长官邸旧址等。

实践活动

解放碑的前世今生

在重庆渝中区的闹市中心，矗立着一座世人皆知的解放碑。大多数普通市民只知道那是重庆商业繁华地段的地标，像北京的王府井、上海的南京路、成都的春熙路一样。今天的重庆人多以解放碑的繁华、热闹而颇感自豪，但大多数人们对解放碑的由来却知之甚少。为何将其称为解放碑？为何要在此建造这样一个碑呢？

1947年10月10日，抗日战争胜利两年后，中国惟一一座全国抗日战争胜利纪念碑在原“精神堡垒”旧址落成，定名“抗战胜利纪功碑”。这座纪念碑用钢筋水泥建造，通高27.5米，有旋梯可达顶端。在战时若投五百磅重量炸弹于十米内，亦无法摧毁，十六英寸射炮亦不能射穿碑壁，碑身至少可存百年之久。碑顶设有标准钟、警钟、探照灯、风向器、方位仪、望台，“胜利走廊”刻有罗斯福总统赠与重庆的卷轴译文，八面碑石壁上刻有国民政府确定重庆为陪都的颁令全文，以及时人所写《抗战胜利纪功碑碑文》。

▲抗战胜利纪功碑

活动目的

1.了解解放碑的由来，知道其修建的目的。

2.了解解放碑的风格特点、建筑价值和艺术价值。

3.了解抗日战争期间重庆作为中华民国战时首都的历史作用和国际地位。

4.认识今日解放碑所蕴含的精神内涵和时代意义。

活动准备

提前收集资料，了解解放碑的历史；根据爱好成立活动小组；准备相关的考察用品、规划交通路线等。

活动指引

一、制定规划

1.利用网络或图书馆搜集资料，根据考察内容和学生爱好成立兴趣小组。

2.各小组制定活动研究计划，并根据具体任务进行详细分工和规划。

探访、研究流程	成员	时间
资料收集		
实地考察		

续表

探访、研究流程	成员	时间
居民采访		
整理认知		

二、活动开始

1.各小组依据规划，分工合作、整合资料、提炼收获。

探访、研究流程	成员	时间	收获
资料收集			含文字、图片、视频
实地考察			含录像、照片、文字
居民采访			含录音、照片、文字
整理认知			活动总结报告

2.活动总结报告

小组名称		小组成员	
资料整合			
成果形式	（可以是海报、文册、展览等）		

三、成果展示（可以是海报、文集、摄影展览等）

解放碑的原名是：

它改名的原因是：

其建筑特色是：

如何保护好今天的建筑遗存？

为何今日解放碑声名远播、享誉世界：

如何看待解放碑所体现的精神内涵：

来比一比，看谁拍的照片最棒：

（友情提醒：白天的解放碑最适合街拍哦！夜晚的解放碑拍夜景超赞哦！）

◎收获与体会

通过这次活动，我收获很大：

活动延伸

1.在重庆还有那些抗战遗址呢？

2.重庆人民为抗战做出的贡献还有哪些？

3.解放碑见证了重庆城翻天覆地的变化，你有亲人经历过这段历史么，不妨对他们做一个采访吧！

第十二章

精神永存——红岩文化

“红岩”,是重庆这个历史文化名城市中的最深刻的记忆!无论全球化、商业化、城市化、多元化会怎样改变着我们的生活,会怎样影响着都市的面貌,会怎样缩小着城乡的差距,但对于重庆而言,在时间、空间层面上无论如何都绕不开“红岩”。提起“红岩”就会讲到重庆,说起“红岩”就会想到重庆。

一个城市的伟大使命在于文化的继承和传续。一个城市的本质在于文化,它是人类本质的一个延伸,更是人类自身内在品格的外在表现形式。城市的物质文明、精神文明始终离不开一个城市的文化精髓。

文化特色是城市的灵魂,传承与发展城市特色文化,对城市建设能起到十分重要的前导性、引领性作用。一个城市的历史积淀越深厚、文化特色越鲜明,城市的个性就越强,文化品位就越高,就越有利于城市的健康发展和品位提升。一个城市只有从自己独特的历史文化出发,才能铸就独特的发展灵魂。

在许多面向社会市民的问卷调查中,重庆最知名的印象便是“红岩”。红岩从一个地名上升到一个政治历史概念,发展变化为一种历史,又成为一种社会文化,一直与重庆这个城市的变化发展紧紧关联,它成了这个城市记忆中最有分量的一部分。

▲红岩魂——群雕

历史遗存

渣滓洞和白公馆、红岩魂广场、重庆谈判《双十协定》签字处桂园、八路军办事处旧址、曾家岩50号周公馆。

实践活动

走进曾家岩50号

活动目的

有的记忆会消失，有的记忆将永远地被保留，那些被保留的记忆更多的是通过一些特殊载体来实现，其中最具权威性的就是历史遗存。这些历史遗存是这个城市最有特色的标志，它让公民能够知道在这个城市的历史上有过哪些对社会进程产生过重大影响的人物和事件，这些人物和事件在历史上又有过怎样的贡献。在这些信息的传播中，市民能够了解到这个城市是怎样发展变化的，以回答我们是从哪里来的，启示我们以后又要到哪里去这样一些问题。

在重庆的市区内，分布着许许多多的有关"红岩文化"的历史遗存。今天就让我们走进位于渝中区中山四路的曾家岩50号，走进这所地处闹市却朴素依旧的民居，去了解这栋房子背后的历史吧！

曾家岩50号有着怎样的历史？都有哪些历史人物曾经在曾家岩50号生活过，战斗过呢？现在重庆还有哪些的与红岩文化相关的历史建筑呢？曾家岩50号附近还有哪些历史建筑呢？

同学们，请你走进曾家岩50号，了解曾家岩50号，感受到红岩文化；了解曾家岩50号的历史，感受城市的发展和变迁；搜集有关曾家岩50号的历史、传说和故事。

请你问一问、记一记、画一画、说一说、写一写，你一定会有不一样的收获！

活动准备

准备重庆市区地图、能上网的电脑、相机、纸张、笔等，开始曾家岩50号之行吧。

问题与思考

1.你去过曾家岩50号吗？对曾家岩50号和周恩来在重庆的活动了解多少？还想了解它的什么？

2.你知道红岩文化吗？你知道红岩精神吗？你知道它们与重庆的关系吗？

活动指引

一、制定活动计划

1.成立活动小组。

按照学生研究对象，成立以曾家岩50号的建筑、历史、故事等为主题的活动小组。

2.各小组制定活动研究计划。

研究对象		研究时间	
研究人员			
研究内容			
途径方法			
备注			

了解曾家岩50号需要哪些途径呢？

1.上网查找

2.亲自到曾家岩50号里走走看看

3.问问熟悉曾家岩50号的人

……

二、活动开始

各小组依据计划，合理分工，搜集整合资料。

1.小组分工落实表

姓名	任务	成果

2.小组活动报告

研究对象		研究时间	
整合资料			
成果形式			

三、成果展示

各小组展示成果(可以是录像、图片、文集等)。

◎现在我们明白了,曾家岩50号有着这样悠久的历史:

◎我们看到曾家岩50号不少建筑,有……

◎我们听说曾家岩50号的不少故事、传说……

◎我们给曾家岩50号画个参观示意图……

◎收获与体会

◎通过这次活动，我的收获很多，具体来说，主要有：

活动延伸

1.曾家岩50号属于重庆地区的哪类建筑？它和我国其他地方的哪些建筑属于同一类呢？写一份这类建筑的简介。

2.介绍曾家岩50号以及重庆市内与周恩来同志有关的其他建筑。调查了解他们的来历。

3.将搜集到的周恩来同志在重庆的有关故事介绍给大家。

第十三章

风雨同舟——民主党派的发展

重庆是抗战时期大后方的中心城市，同时也是中国民主党派的重要发源地。这里汇聚了诸多致力于民主建国、发展民主政治的民主政治家。他们聚集于此，不仅商讨抗战救国、民主建国的重大事宜，还探讨发展民主政治方面的重大事项，同时也纷纷成立了在中国近现代历史上影响巨大的民主党派。他们为抗战胜利、民主建国等一系列重大事件呕心沥血，奉献自己的聪明才智，甚至奉献出生命，为中国走向和平与民主做出不朽的贡献。

重庆曾经是中国的战时首都，中华民国陪都。在这里，中国民主同盟、中国民主建国会、九三学社和三民主义同志联合会等民主党派相继成立，它们与中国共产党风雨同舟，患难与共，为中国人民的解放事业和新中国的建立做出了重要贡献；在这里，留下了一大批著名爱国民主人士与中国共产党团结奋斗的光辉足迹与动人故事……

正是由于重庆在民主党派史上处于如此重要的地位，其注定成为中国民主党派史上最光辉灿烂的一章。重庆街市的角落里随处可见民主党派的踪迹：1941年3月，中国民主政团同盟在上清寺特园秘密成立；1941年5月，在位于重庆领事巷10号的康心之公馆内秘密成立中国民主革命同盟；1945年12月，在重庆实业大厦举行中国民主建国会成立大会；1946年1月，政治协商会议在重庆隆重举行……诸多事件，注定是重庆历史光辉的一页，同时也是民主党派史上灿烂的一章！

大半个世纪以来，民主党派史已与重庆历史融为一体，成为重庆历史的独家记忆。

历史遗存

特园、重庆民主党派历史陈列馆、中国民主建国会成立纪念碑等。

实践活动

忆特园峥嵘岁月　看今朝风雨同舟

“特园”位于渝中区上清寺嘉陵江大桥南桥头,始建于20世纪二十年代末、三十年代初,是中国共产党的老朋友、著名爱国民主人士鲜英的公馆。

特园是抗战胜利前后中共和各民主党派活动的重要场所之一,是南方局在重庆贯彻党的抗日民族统一战线政策的历史见证,也是民盟和民革前身的一部分——三民主义同志联合会的诞生地。

国共在重庆谈判期间,毛泽东三顾特园,与张澜、鲜英等民主人士共商国是。他深情感慨地说道:“我也回到家了。这里是‘民主之家’,以后我们还要建立民主之国!”。

周恩来、董必武、王若飞等50多位中共人士都曾是特园的嘉宾;张澜、黄炎培、沈钧儒等100余位社会知名人士都曾以特园为民主运动的大本营,不少人曾寄宿于特园;冯玉祥、孙科、于右任、柳亚子、潘文华、刘文辉等国民党方面的要员、地方实力派也常是特园的座上客。由于中共南方局借重特园广泛开展活动,广大进步人士为坚持抗战、争取民主,纷纷团结在中共领导的抗日民族统一战线的旗帜下,使特园形成盟友如云的热烈场面。由于鲜英待人接物优厚多礼、豪爽好客,毛主席誉称他为“孟尝君”。故特园经常出现“座上客常满,樽中酒不空”的盛况,从而誉满山城,成为党领导下的民主运动的重要活动场所。

特园既是盟员同志之家,也是民主人士之家,因此,被董必武同志誉称为“民主之家”。

活动目的

同学们,你们知道吗?民主党派在中国近现代历史上始终处于十分重要的位置。抗日战争胜利后,民主党派齐聚重庆,参与政治协商会议;新中国成立后,中国共产党实行中国共产党领导的多党合作和政治协商制度……民主党派在中国政治生活中始终发挥着重要作用。

作为民主党派史上于重庆重要的历史遗迹——特园，记载着中国民主党派的光辉历史。特园在民主党派史上为何会占据如此重要的位置？特园最初的用途是做什么的？特园的现状又是如何？如今还在发挥什么作用呢？

▲特园遗址

▲特园内部一角

今天就让我们带着这些问题，一同前往位于重庆市渝中区的特园，让我们去做一次实地探寻，去亲自感受民主党派的历史，去体会那段峥嵘岁月，去了解特园背后的故事吧！

活动准备

重庆市区地图、公交卡、纸张、笔、相机等。

问题与思考

1.你知道中国有哪些民主党派吗？有多少民主党派是在重庆成立的？各民主党派成立之时中国发生了哪些大事？

2.你知道特园最早的用途吗？特园与民主党派有着怎样的联系？当前特园在重庆有着怎样的地位呢？

3.注意过当前重庆还有其他民主党派的历史遗存吗？政府对这些民主党派的历史遗存进行了充分地保护，这一行为体现了什么？

活动指引

一、制定活动计划

1.成立活动小组

根据学生研究重点不同,成立以特园的历史、建筑、故事、现状等为主题的活动小组。

2.各小组分配任务

小组编号	组长	负责内容	活动任务
1		梳理历史背景	通过上网、走访等方式了解特园修建背景以及由谁修建
2		搜集相关资料	阅读相关书籍、观看影片、上网搜索发生在特园的主要事迹以及特园的主要用途
3		抓拍参观瞬间	在参观现场抓拍照片,包括所有游人参观时打动人的瞬间
4		汇总后期成果	汇总1、2、3小组的资料,形成文本并提出问题升华活动主题

二、活动开始

1.第1小组活动报告

第1小组主要负责搜集特园修建的背景以及特园的修建者,负责参观活动的前期准备工作,为活动的开展准备好知识基础。

有哪些途径可以帮助我们更好地了解调查对象呢?

1.到互联网上查找相关资料

2.到特园亲自走走看看

3.采访身边了解这段历史的人

4.……

特园修建的背景

名称	修建者	修建的原因	当时国内状况
特园			

2.第2小组活动报告

第2小组成员在参观过程中担任了小小导游的角色,在涉及自己所查阅典型故事的遗址前,为大家介绍相关人物和相关故事。同时也提醒大家注意收听简介和观看遗存。

第2小组记录表

获取方式:	人物/事件:
相关故事:	
有何感想:	

3.第3小组活动报告

第3小组成员主要由摄影爱好者组成,在活动过程中充当小记者的角色。遇到精彩瞬间拍摄好照片并做好记录。在参观完后,按照表格整理照片。

现场照片展示

拍摄者:	照片名称:
照片粘贴处:	简介:

4.第4小组活动报告

将前面3个小组的文本分类汇总并提出问题升华此次实践活动。

我的问题：

◎特园与民主党派有何关系？

◎在特园中发生的事体现了哪些精神？

◎……

三、成果展示

在活动开展完后，各小组之间进行深入交流。将第四小组汇总的文本相互传阅。

在校内，可以通过把自己所知道的故事或亲身经历改编成舞台剧、微电影、小品等形式引起大家共鸣；在校外，可以把自己的经历告诉家人朋友，让他们也来回顾重庆那段峥嵘岁月，共同感叹民主党派辉煌灿烂的历史。

◎收获与体会

◎通过这次活动，我的收获很多，具体来说，主要有：

活动延伸

1.民国时期，在特园发生了诸多事件，这些事件体现了各党派之间的友好交流，为抗战胜利、民主建国等一系列重大事项的努力。同一时期，还有哪些遗址、哪些事迹能反映这段辉煌历史呢？

2.民主党派在这一时期发挥着重要作用。在新中国成立后，在新时期，民主党派又发挥着怎样的作用？

第十四章

红尘净土——寺庙道观

宗教是伴随着社会的发展而出现。

在中国，既有着本土宗教文化——道教，也有着从境外传入的宗教——佛教、基督教等。重庆山水形胜，在宗教文化方面有着十分丰富的历史资源，佛教、道教等在重庆这片土地上都契合风土人情，广为传播，保留至今的部分宗教建筑即是其中代表。

宗教建筑是有灵魂的，其静美与神圣往往使步入其中的善男信女们叹为观止，甚至被一种看不见摸不着的强大精神力量所征服。佛寺、教堂像一个巨大的黑洞，将寻道者置入其特有气氛的笼罩之中，这种力量就是宗教所特有的感召力。和其他类型的空间相比，宗教空间是经过了数千年的发展演变来的，在宗教传播的过程中，其建筑也随同传遍世界各地，并与各个地方的民族建筑相结合，形成了相对固定的宗教建筑型制。

历史文化名城重庆，也因其独特的宗教文化而呈现出另一番别致。梁平双桂堂、丰都鬼城等不仅仅是宗教建筑的一部分，还是宗教文化的直观体现。古往今来，宗教建筑已与巴渝文化紧密地融合在一起。巴渝宗教建筑为宗教文化提供了外化的形式与精神的传承。千百年来，它已与重庆的发展变化融为一体，成为这个城市的独家记忆。

历史遗存

双桂堂、罗汉寺、华岩寺、老君洞道观、涂山寺、大佛寺、银杏堂、螺罐山、慈云寺、观音寺、绍龙观、若瑟堂、江北城德肋撒天主堂等。

实践活动

寻佛参禅双桂堂

同学们，中国文化博大精深，而佛教文化又是中华文化中不可缺少的组成部分。我们所居住的城市重庆位居中国西南，在其市内及郊区也都有着独具风格的佛教文化。

在我们生活的大重庆范围内的寺庙、教堂可谓星罗棋布。今天就让我们前往位于重庆东北郊的梁平双桂堂，走进这座梵音缭绕、檀香满怀的百年古刹，去寻佛参禅，了解这座宝刹背后的故事吧！双桂堂，是中国西南佛教禅宗文化最响亮的名字之一。

▲双桂堂

活动目的

双桂堂有着怎样的建寺历史？它为何不叫双桂寺而叫双桂堂，这背后有怎样的历史呢？双桂堂的开山祖师是谁，他在历史上都有哪些贡献？双桂堂为何被称为“西南禅林祖庭”？它的建筑有何特点，它和西南地区其他寺庙又有着哪些关联呢？位处郊区的双桂堂如何才能更好地继承和发扬禅宗文化，又如何在现实中打造具有自身特色的双桂佛学文化旅游呢？

同学们，请你走进双桂堂，品味佛学，寻佛参禅，去了解双桂堂背后的历史；感受在时代发展和城市变迁中，佛门圣地所特有的宁静安谧；收集有关双桂堂的资料，做好旅游现状调查并提出建议。

请你问一问、找一找、记一记、画一画、说一说、写一写，你一定会有不一样的收获！

活动准备

准备梁平县地图、能上网的电脑、相机、纸张、笔等。

问题与思考

1.你去过双桂堂吗？对双桂堂和其开山祖师破山和尚的历史了解多少？还想了解它的什么？

2.你知道佛教禅宗文化吗？你知晓双桂堂的镇寺之宝贝叶经吗？你关注过梁平双桂堂的旅游现状吗？

活动指引

一、制定活动计划

1.成立活动小组

按照学生研究对象，成立以双桂堂的历史、建筑、雕塑、故事、禅宗文化、旅游现状等为主题的活动小组。

2.各小组制定活动研究计划

研究对象		研究时间	
研究人员			
研究内容			
途径方法			
备 注			

了解双桂堂主要有哪些途径呢？

二、活动开始

各小组依据计划，合理分工，搜集整合资料。

1.小组分工落实表

姓名	任务	成果

2.小组活动报告

研究对象		研究时间	
整合资料			
成果形式			

三、成果展示

各小组展示成果（可以是录像、图片、文集、调查报告等）。

◎我们看到双桂堂的建筑风格，有……

◎我们听说双桂堂的不少故事、传说……

◎我们给双桂堂画个参观图……

◎收获与体会

◎通过这次活动，我的收获很多，具体来说，主要有：

活动延伸

1.双桂堂的建筑风格融合了重庆地区的哪些风土人情呢？它和我国其他地方的哪些建筑属于同一类呢？写一份这类建筑的简介。

2.介绍双桂堂以及重庆市内与双桂堂有关的其他建筑。调查了解它们的来历。

3.将搜集到的有关佛教禅宗文化方面的知识介绍给大家。

第十五章

岁月静好——走进古镇

古镇，一般是指有着百年以上历史的、供集中居住的建筑群。中国历史悠久，广阔土地上有着很多文化底蕴深厚的古镇，而地处四川盆地东侧的重庆，更是因其地形地貌的特殊（以山地、丘陵为主，河网密布，山水相依，道路蜿蜒曲折等），产生了一批历史悠久、延续至今且保存较为完好的古镇。

保存完好的古镇是地域文化的集中体现，它能反映当地社会生活的方方面面，是研究地方文化和中国历史文化的重要资料。古镇是历史给予我们的珍贵财富，我们有义务去了解它们、研究它们。

观古镇，能感知当地人文、知晓当地历史、察看一方风俗；游走于古镇，会让人内心清宁，也让人思绪绵长。古镇的前世今生、风土人情都能引发我们无尽的想象。

重庆的古镇很多，也很美。其中龚滩镇、龙潭镇、涞滩镇、双江镇、松溉镇、中山镇、宁厂镇、塘河镇、偏岩镇、路孔镇因保存完好、自然景观优美、历史价值厚重而被评为“重庆十大历史文化名镇”。此外还有安居镇等一大批古镇被评为“历史文化名镇”。

每个古镇都有它的特色。今天我们去了解它们、研究它们，更是为了保护它们、延续它们。让历史延续、让文明长存是我们的目的和追求！

道路写就历史，建筑凝聚沧桑。青石板铺就的街道，青瓦覆盖的木楼，木门、木窗矗立……时间在这里凝滞，历史在这里沉淀。让我们走进这些古镇，去感触风土人情，去倾听历史的浅吟低唱吧！

历史遗存

磁器口古镇、中山古镇、涞滩古镇、龚滩古镇、石蟆古镇、偏岩古镇、龙潭古镇、东溪古镇、大昌古镇、双江古镇、西沱古镇、汉风古镇、白沙古镇、安陶古镇、石桥古镇、洪安古镇、龙兴古镇、三江古镇、黄龙古镇、安居古镇、塘河古镇、丰盛古镇、后溪古镇、路孔古镇、清泉古镇、松溉古镇、走马古镇等。

实践活动

磁器口古镇文化探旅

重庆古镇中，若论历史的悠久、现实的影响以及地理交通方面的便利，首屈一指的便是磁器口古镇。

"一条石板路，千年磁器口"，磁器口，是重庆千百年来码头文化的缩影。看起来规模不是很大的磁器口古镇已经有1800多年的历史了，它也因此被誉为"巴渝第一古镇"。它完整地保留了12条街巷，每条街道两旁都是古色古香的明清建筑，街面上店铺林立、商家云集，青石板铺成的小路蜿蜒通向各个街巷。磁器口历史文化底蕴丰厚，是重庆历史文化名城极其重要的组成部分。在这里，巴渝文化、宗教文化、沙磁文化、民俗文化等各具特色：有古朴粗犷的巴渝遗风；有古风犹存的茶馆；有历史传承的码头；有佛、道、儒三教并存的九宫十八庙；有正气凛然的红岩志士抗战遗址；有独具特色的川剧清唱、火龙表演；有工艺独特、品种繁多的传统旅游产品；有享誉四方的毛血旺、烩千张皮、椒盐花生等古镇三宝。磁器口古镇，以其鲜明的民族和地域特色显示出旺盛的生命力和强大的吸引力。

活动目的

1.了解古镇的历史文化，感受巴渝历史文化的魅力。

2.了解古镇的风土人情，探知巴渝地方历史文化的特色，增强对本地文化的认知感、认同感和热爱感。

3.探知磁器口古镇文化，以一探十，了解重庆古镇的整体文化概貌，并为古镇资源的保存和合理开发建设建言献策。

活动准备

提前收集资料，了解磁器口的历史；根据爱好成立活动小组；准备重庆市区地图、相机、笔记本、笔等。

活动指引

一、制定规划

1.提前收集资料，根据古镇特点和学生爱好成立活动小组，如成立建筑文化组、码头文化组、茶馆文化组、小吃文化组等，并对本小组的探访内容进行梳理、规划。

（示例）

小组名称	探访内容
建筑文化组 	古镇昔有“三多”，庙宇多是其“一多”，民间有“九宫十八庙”之说，另外民居也很有特色，多为明清古建筑，且很有重庆特色，故围绕宝轮寺、文昌宫、钟家院、吊脚楼等建筑，探究重庆建筑的历史与今天。
茶馆文化组 	茶馆多、名人足迹多，是古镇“三多”的另两个“多”，它们的文化都能在“书场茶馆”寻到踪迹，直到如今，茶馆仍是磁器口一景，百来米长的老街便有13家茶馆，家家茶客满座，古风犹存。故探知茶馆里的文化很有意义。
小吃文化组 	毛血旺、烩千张皮、椒盐花生号称“古镇三宝”或称“三绝”。围绕三宝探究古镇的小吃文化很有吸引力。

2.各小组制定活动研究计划，并根据具体任务进行详细分工和规划。

探访、研究流程	成员	时间
资料收集		
实地考察		
居民采访		
整理认知		
建言献策		

二、活动开始

1.各小组依据规划，分工合作，整合资料，提炼收获。

探访、研究流程	成员	时间	收获
资料收集			含文字、图片、视频
实地考察			含录像、照片、文字
居民采访			含录音、照片、文字
整理认知			活动总结报告
建言献策			活动总结报告

2.活动总结报告

小组名称		小组成员	
资料整合			
成果形式	（可以是海报、文册、展览等）		

三、成果展示（可以是海报、文集、展览等）

磁器口古镇的建筑历史和建筑遗存有：

磁器口的建筑特色是：

如何保护好今天的建筑遗存？

磁器口古镇曾经繁荣的码头文化：

如何传承和发展今天的码头文化？

磁器口古镇茶馆的悠闲百态：

茶馆里的文化：

磁器口古镇的小吃介绍：

从小吃解读重庆人的性格：

◎收获与体悟

◎通过这次活动，我的收获很大，具体有：

活动延伸

继续探究重庆其他古镇，全面探知巴渝文化的内涵和特色。

第十六章

勾连古今——古桥鉴赏

在中国古代建筑中，桥梁是一个重要的组成部分。几千年来，勤劳智慧的中国人修建了数以万计奇巧壮丽的桥梁，这些桥梁横跨在山水之间，便利了交通，装点了河山，成为中国古代文明的标志之一。中国古代桥梁的建筑艺术，有不少是世界桥梁史上的创举，充分显示了中国古代劳动人民非凡的智慧与才能。

重庆别称“山城”“江城”，有山有水就要有桥。在巴山渝水之间，老祖宗们架起了一座座各式各样的古桥。因此，重庆又有着“桥都”的美称。可很多人并不知道，“桥都”这一称号，不仅仅指的是今天众多现代大桥，它还包括重庆许多古老的桥。

据了解，在《中国文物地图集·重庆分册》中，共收录重庆市域现存的古桥近800座，时间跨度从北宋延续至民国，其中绝大部分为清代古桥，有700多座。在这当中，共有12座古桥被列入市级文保单位，此外还有数十座为区县级文物保护单位。尽管如此，仍有大量的古桥未能列入图集、缺乏相应保护，至今散落乡间，或荒芜在山间溪上，或仍默默发挥“余热”，继续为人们提供着便利。

这些古桥，都在静默中等待着同学们的到访。

历史遗存

施济桥、陆安桥、普济桥、碑记桥、龙门桥、利济桥、岩溪桥、太平廊桥、大荣桥、述先桥、溪口天生桥和客寨桥等。

实践活动

探访施济古桥

活动目的

同学们，你们知道吗？在重庆的石拱桥中，年代最久远的当属建于北宋时期的荣昌施济古桥。施济古桥，又名广济桥，位于荣昌县城城西，跨赖溪河而建。施济桥始建于北宋仁宗年代（约1050年），宋朝宰相文彦博命名为“思济桥”。长110.5米，7孔每孔跨11米，石板铺面，清代即有“川东保障”之称。

施济桥在历史上到底发挥了什么重要的作用呢？为何享有这么高的声誉？它是如何得名的？施济古桥的现状如何？它被列入了文物保护单位吗？它还在发挥作用吗？让我们去进行一次实地探访，去亲自感受下宋代的砖石尘土，去体会下时间和风雨洗礼后留下的厚重和生命力，去一一解开我们心中的疑问和提出新的思考。

活动准备

地图、手机、相机、纸张、笔等。

问题与思考

1.你想知道在没有机械的年代中国人是怎么建造桥梁的吗？

2.你知道“施济”的含义吗，它为什么被誉为“川东保障”？

3.你知道保护桥梁类遗存的方式有哪些吗？

活动指引

一、制定活动计划

1.活动前期准备

此次实践活动距离较长，在开展探访之前，应先做好前期规划，选出活动策划小组，对规划做出总结。

探访施济古桥前期规划：

人数	车辆安排	就餐安排	出发时间	联系人电话

2.分配活动小组

本次实践活动分为三个小组,第一小组负责制作调查问卷,并总结出同学们想要了解的古桥内容。第二小组负责查阅资料总结古迹的有效保护措施。第三小组负责在探访过程中拍摄有价值的图片并配以文字说明。

关于探访"古桥"的调查问卷

调查人:	被调查人:
我所知道的"古桥"知识有:	
我最想从这次探访中知道:	

调查问卷问题汇总

本次问卷共有一位同学参与调查,同学们最想通过此次探访了解下列内容:
◎ ◎ ◎ ◎

二、探访过程

1.现场问题解答

在参观施济古桥的过程中,针对第一小组汇总的问题,同学们踊跃发言,积极探讨。或相互之间交流,或询问老师,或现场上网解决问题。

2.现场探讨如何保护古桥

在探访过程中,大家对古桥现在的损坏程度表示惋惜。也引起了大家的思考:应该怎样保护先辈们的智慧,中华历史中的瑰宝呢?大家议论纷纷,各抒己见，第二小组出示了古桥保护措施示例。

古桥保护示例

代表遗迹	保护措施	信息获取方式
陆安桥	将古桥一块块拆卸，整体搬迁到合适地点重建并加固	走访
赵州桥		

同学们听取了第二小组的古桥保护措施示例后，有人对其中的做法表示并不认可，也提出了自己的观点和见解。

3.现场拍摄、记录汇总

第三小组成果汇总

现场照片	文字说明

三、成果展示

在活动开展完后，各小组之间进行深入交流。将三个小组汇总的文本相互传阅和完善。并将汇集到的成果做成电子文档发送到网络，呼吁大家保护古迹。

◎收获与体会

◎通过这次活动，我觉得古迹的保护势在必行，在今后的旅游中，我会采取下面的方式保护古迹：

活动延伸

1.为什么石桥会做成拱形？

2.请你查一查，或者在自己的家乡看一看，重庆还有哪些古桥需要得到及时保护？

3.有人认为，遗迹本就不应该去修复和保护。因为历史需要的就是一种沧桑，遗迹的消逝也是历史发展的必要规律，你认同这种观点吗？

第十七章

余韵流芳——名人故居

重庆，是国务院公布的“历史文化名城”。壮丽的巴山渝水，在数千多年的历史长河中，养育了无数杰出的历史名人。重庆因他们而精彩，在历史的长河中，他们创造了一幅幅美丽壮阔的画卷，延续着重庆的文脉。

从时间的延续性而言，名人以身垂范的效应，或许会因为他（她）的逝去而渐渐消减，但名人的故居却作为一种物理存在，不仅在其逝后可以成为一种独特的地理标识，而且它还是名人的人格与精神得以升华的最重要载体。

据2014年重庆市地理信息中心、重庆地理地图书店发布的《重庆名人故居地图（区县篇）》记载，重庆共有213处名人故（旧）居。其中，既有大足宝顶山石刻造像的总设计者赵智凤的道场，也有明朝末年著名女将、民族英雄、军事家秦良玉的故居等。

▲梁实秋位于北碚的故居（雅舍）

最值得一提的是在抗战时期，重庆聚集了全国在政治、经济、军事、文化、科教等领域的精英人士及国际知名人士，他们曾经生活、工作过的故（旧）居等，都有着比较好的保存，比如梁实秋、老舍、徐悲鸿、施光南、宋庆龄、郭沫若等知名人士的故（旧）居等。

目前，我们可以通过两种方式来界定重庆的名人故居。其一，从时代上划分，大体可以分成古代和近现代两大板块；其二，从名人的籍贯上划分，则又可以把他们具体析分为原籍重庆和寓居重庆两大群属。

需要强调的是，重庆抗战时期名人旧居是指“在抗战时期做出过重大贡献、产生较大影响、具有较高知名度的各领域知名人士在重庆生活工作过的住所”，主要包括军政要员的公馆别墅和其他社会各界知名人士的住所。

对它们的实地考察与研究，不仅能够让新时期的青少年学生回顾那段烽火连天、激情澎湃的岁月，更有利于通过“故居”这一当下仍然实体的存在，为我们建立足够清晰、丰满的历史名人形象，以及今后对其更完善的规划与保护提供最切实可行的建议。

历史遗存

刘伯承故居、梁实秋故居、老舍故居、徐悲鸿故居、三毛南山故居、施光南南山故居、宋庆龄故居、郭沫若故居、聂荣臻故居、赵世炎故居、邓雪芹故居、冯玉祥故居、秦良玉陵墓、红三军司令部旧址、陈独秀故居、禹王祠、杨尚昆故居等。

实践活动

走近“儒帅”，从故居看刘伯承

活动目的

同学们，你一定听说过刘伯承元帅的大名。

任何一本教科书，通常都会这么告诉你：刘伯承同志是中国人民的伟大战士，中国共产党的优秀党员，中国人民解放军的缔造者之一，伟大的无产阶级革命家、军事家、马克思主义军事理论家。

以上是刘伯承的头衔，教科书还会告诉你：刘伯承同志在漫长的革命生涯中，兢兢业业，奋进不息，为中华民族和中国人民的解放事业，建立了不朽功勋，为我国的国防建设和社会主义建设事业，做出了杰出贡献。他的历史功绩和优秀品德将永远彪炳史册……

但这些仅仅是书本上说的，对于活生生的历史人物，尤其像刘伯承这样在中国近现代历史起到过重要影响的人物，他的生平和定位，以及他本人重要的生活场所，绝不可能通过几段教科书式的话语就能轻易带过。

于是，我们的问题是：

“刘伯承同志故居”位于重庆开州，距县城约28千米的小华山一台地沈家湾，门前匾额由邓小平在1986年（当年刘伯承去世）亲笔题词。当地风光旖旎，背山面水，翠竹环抱，颇多传说。这样的环境对刘伯承性格和志趣的养成，起着什么样的作用？

通过故居所在地形、建筑和历史等因素考察，思考故居合理规划与现代维护的合理意见与建议。

故居是沟通名人的一座桥梁，我们更多的还是面向刘伯承本人，思考关于他的经历、思想、人格和精神。

为何在众多的重庆著名历史人物中，我们最终选择了刘伯承？

作为一位完整经历了近代中国革命的斗士，刘伯承在不同的革命时期，他有着哪些不同但又日益成熟的革命思想？在一路的探寻和革命实践中，哪些人和哪些事对他影响甚深？

在早期革命斗争中，刘伯承因为勇猛善战曾负过重伤失去了右眼，他的“独眼将军”之名，其背后有哪些不为人知的故事？再如，红军长征期间，为何是刘伯承而不是其他人，和彝族首领小叶丹“义结金兰”？

“提笔可写诗，上马能打仗”，从川军名将，到共和国元帅，刘伯承一直是第一线的指战员，他既当过基层的排、连长，又领导过多兵团协同作战，其战术以灵活、多变、富于战略素养著称，打过胜仗无数，那么刘伯承的“儒帅”之名又是怎样修炼而成的？

带着这些问题，请你走进刘伯承故居，穿越时空，去感悟刘伯承元帅的戎马一生，搜集与整理有关刘伯承元帅的人生经历和革命思想，去思考刘伯承元帅亦文亦武的性格特征，并由此感受刘伯承元帅那高超的人格魅力和精神感召力。

活动准备

借助互联网，或到图书馆、博物馆，通过相关书籍和资料了解刘伯承的生平与军事思想，如《刘伯承传》《刘伯承用兵案例精选》等。

准备纸、笔、手机、相机等现场调查用工具。

注：可采访现役或退役军人（以家里的亲人优先），听一听他们眼中作为军人的刘伯承的故事和事迹。

时间安排：约2周。

问题与思考

1.故居的建筑规制如何？中华人民共和国成立以来党和政府历次对故居的维护方式和力度如何？通过你的实地考察，你又有什么建议？

2.刘伯承童年和青少年时期都居住于此，周边的人、事、物，它们必然会带给他长久甚至是一生的影响：他的父母，他幼年的朋友，他在这里受到的启蒙教育，他们对刘伯承日后的成长有着怎样的作用？

3.通过故居内相关的展品陈设和资料展示，结合活动前期准备，更深入地了解刘伯承的革命生涯在时代上的划分、各阶段秉持的革命思想与理念、各时期对他影响最大的人和事、他本人亲历的重大历史活动和著名战役等等。

活动指引

一、制定活动计划

1.成立活动小组

按照学生研究对象，成立以"我看故居""青葱岁月""革命生涯""辉煌战功""逸闻趣事"等为主题的小组。

注：①"我看故居"组尽可能要利用手机、相机等现代电子设施，通过音像、视频、图片手段来展示故居的面貌(如地理环境、建筑细节等)。在有条件的情况下，也可以参访当地老人，通过口述史的方式，了解与故居有关的历史传说。

②建议将"刘伯承的革命生涯"再细分为"民主革命""土地革命""抗日战争""解放战争"等四个分组。

2.各小组制动活动研究计划

研究对象		研究时间	
研究人员			
研究内容			
途径方法			
备注			

二、活动开始

各小组依据计划，合理分工，赴刘伯承故居搜集整合资料。

小组分工落实表

姓名	任务	成果

小组活动报告

研究对象		研究时间	
整合资料			
成果形式			

三、成果展示

各小组分类展示成果(可以是录像、图片、文字等)。

1.刘伯承故居最初的面貌是……现在的面貌是……

2.我们知道了刘伯承的童年，原来他的性格是……

3.刘伯承的整个革命生涯可谓丰富多彩，他在民主革命时期……在土地革命时期……在抗日战争时期……在解放战争时期……

4.刘伯承“用兵如神”，他亲自指挥过并取得胜利的重大战役，有……

5.刘伯承还有不少广为流传的故事，比如……

◎收获与体会

◎通过这次活动，我的收获很多，具体说来，主要有：

活动延伸

1. 从时间与空间，物理与精神等层面，进一步思考“名人”和“故居”二者的内在联系。

2. 以本次刘伯承故居的调研为例，谈一谈对重庆名人故居整体规划与维护的看法。

3. 根据本次活动研究成果，试着编写一篇《刘伯承大事记》。

第十八章

滋兰树蕙——教科文卫

重庆开埠后，西方势力在经济和文化领域向巴渝大地渗透，长期处于封闭状态的重庆在教育、科学、文化、医疗卫生方面都受到了很大冲击，传统封建的教育体制、陈旧的文化模式和落后的卫生习惯逐渐得到一定的改善。教育科技方面，从固有的书院式教育过渡到提倡民主作风的新式学堂教育，再到普及科学、教育的各类学校教育，使近代重庆教育在四川省居于领先地位。

在教育方面，1892年创设的川东洋务学堂，是近代重庆官立学校之始，1897年又创设了重庆中西学堂，代表资产阶级文化的“新学”逐渐发展。20世纪初，全国掀起了兴办学校和出国留学的热潮。1891年求精学堂成立，1892年广益中学成立，到1904年，重庆已建立丰盛、正蒙公塾等小学24所，重庆府中学堂等中学堂4所，巴县医学院、川东师范学堂等各类专门学校45所。1929年重庆建市以后，建立了重庆第一所高等学府重庆大学。此外，地方实力派人物也纷纷投资办学，如时任四川盐运使的川军将领王缵绪创办了全国知名的巴蜀学校。在全国抗日战争开始后，重庆成为中国民国政府的陪都，成了当时全国抗战的政治、经济、文化、教育中心，重庆的教育事业由此迎来了一个爆炸式发展的时代，南开中学、清华中学、育才学校等也相继在此时成立。

在医疗方面，1892年，宽仁医院落成，是为重庆第一家西医院。l896年，重庆第二家西医院——仁济医院落成，使得重庆的整体医疗水平有了一个巨大的飞跃。

在文化方面，随着国民政府迁都重庆，无数的知名作家、学者云集于重庆。一时之间，重庆成为全国的文化高地……

历史遗存

中央大学“七七抗战”大礼堂、重庆大学文字斋、四川省立教育学院、南开中学津南村、合川育才学校旧址、重庆清华题刻、中国西部科学院旧址、中华文艺界抗敌协会旧址、巴蜀中学勖艾亭(复建)、巴蜀学校防空洞、巴蜀学校老校门、中苏文化协会旧址、黄山小学旧址、中法学校、歌乐山宽仁医院分院旧址、江北县建设局测候亭、抗建堂等。

实践活动

走近中华全国文艺界抗敌协会旧址(棫园)

中华全国文艺界抗敌协会,简称“文协”,系抗战时期中国共产党领导的,以进步文艺工作者为核心的,团结一切抗日力量的全国文艺界统一战线组织。

抗战爆发后,国民政府西迁武汉,武汉暂时成为全国抗战的中心,聚集在武汉的文化界人士,为“联合全国文艺作家共同反对日本帝国主义的侵略,完成中国民族自由解放,建设中国民族革命的文艺,并保障作家权宜”,积极筹建全国文艺界的统一组织。经过数月筹备,于1938年3月27日在武汉正式成立了“中华全国文艺界抗敌协会”,并通过了《中华全国文艺界抗敌协会宣言》《中华全国文艺界抗敌协会简章》《告全世界的文艺家》等重要文献,选举周恩来、孙科、于右任、陈立夫等为名誉理事,郭沫若、茅盾、冯乃超、夏衍、胡风、田汉、许地山、朱自清、郁达夫等45人为理事,著名作家老舍为总务部主任,主持日常工作。1938年8月,随着武汉会战的临近,中华全国文艺界抗敌协会迁到重庆,直到1945年10月14日更名为“中华全国文艺界协会”。

▲中华全国文艺界抗敌协会旧址(棫园)

中华全国文艺界抗敌协会在重庆期间,租住在巴蜀学校的棫园。中华全国文艺界抗敌协会在中国共产党的领导下,开展广泛的抗日民族统一战线工作,尽最大努力团结全国文艺界的抗战力量,积极领导、推动全国各地文艺界的抗日斗争。除重庆总会外,还先后于全国重要城市成立了成都分会、昆明分会、贵阳分会、桂林分会、延安分会、西安分会、新疆分会、长沙分会、曲江分会、香港分会等，并出版有机关刊物《抗战文艺》。

活动目的

抗战时期，国民政府迁都重庆，大量的政府机关、工商团体、社会组织也随国民政府搬迁到重庆，其中有一个由全国文艺界知名人士创建的中华全国文艺界抗敌协会就搬迁到了巴蜀学校的棫园。

中华全国文艺界抗敌协会旧址具体在哪里？有哪些著名的作家曾在这里为抗战奔走、呐喊？在这里发生过哪些奇闻趣事？除了中华全国文艺界抗敌协会，当时的巴蜀学校还有哪些文化名人在此生活居住过呢？

活动准备

准备重庆市区地图、能上网的电脑、相机、纸张、笔等，开始中华全国文艺界抗敌协会旧址（棫园）之行吧。

问题与思考

1.中华全国文艺界抗敌协会旧址具体在哪里？你知道它的历史吗？你知道它的骨干成员都有哪些吗？

2.你知道胡风吗？你知道“棫园”的含义吗？你知道当时的巴蜀学校还有哪些园呢？

活动指引

一、制定活动计划

1.成立活动小组

学生根据研究重点的不同自由分组，成立以中华全国文艺界抗敌协会旧址（棫园）的建筑、历史、故事等为主题的活动小组。

2.各小组制定活动研究计划

研究对象		研究时间	
研究人员			
研究内容			
途径方法			
备注			

二、活动开始

各小组依据计划，合理分工，搜集整合资料。

小组分工落实表

姓名	任务	成果

小组活动报告

研究对象		研究时间	
整合资料			
成果展示			

三、成果展示

各小组展示成果（可以是录像、图片、文集等）。

◎我们给棫园画个参观图吧！

◎收获与体会

◎通过这次活动，我的收获很多，具体来说，主要有：

活动延伸

1.中华全国文艺界抗敌协会旧址（棫园）最初是在那里成立的？它的名誉理事有哪几位名人？写一份中华全国文艺界抗敌协会旧址（棫园）的基本介绍。

2.介绍中华全国文艺界抗敌协会旧址（棫园）以及所在的山城步道上的其他历史建筑。调查了解它们的来历。

3.将搜集到的关于中华全国文艺界抗敌协会旧址（棫园）的有关故事分享给大家。